파이디온 어린이 성경공부 교재 *1학기용*

예수마당 성경공부 I

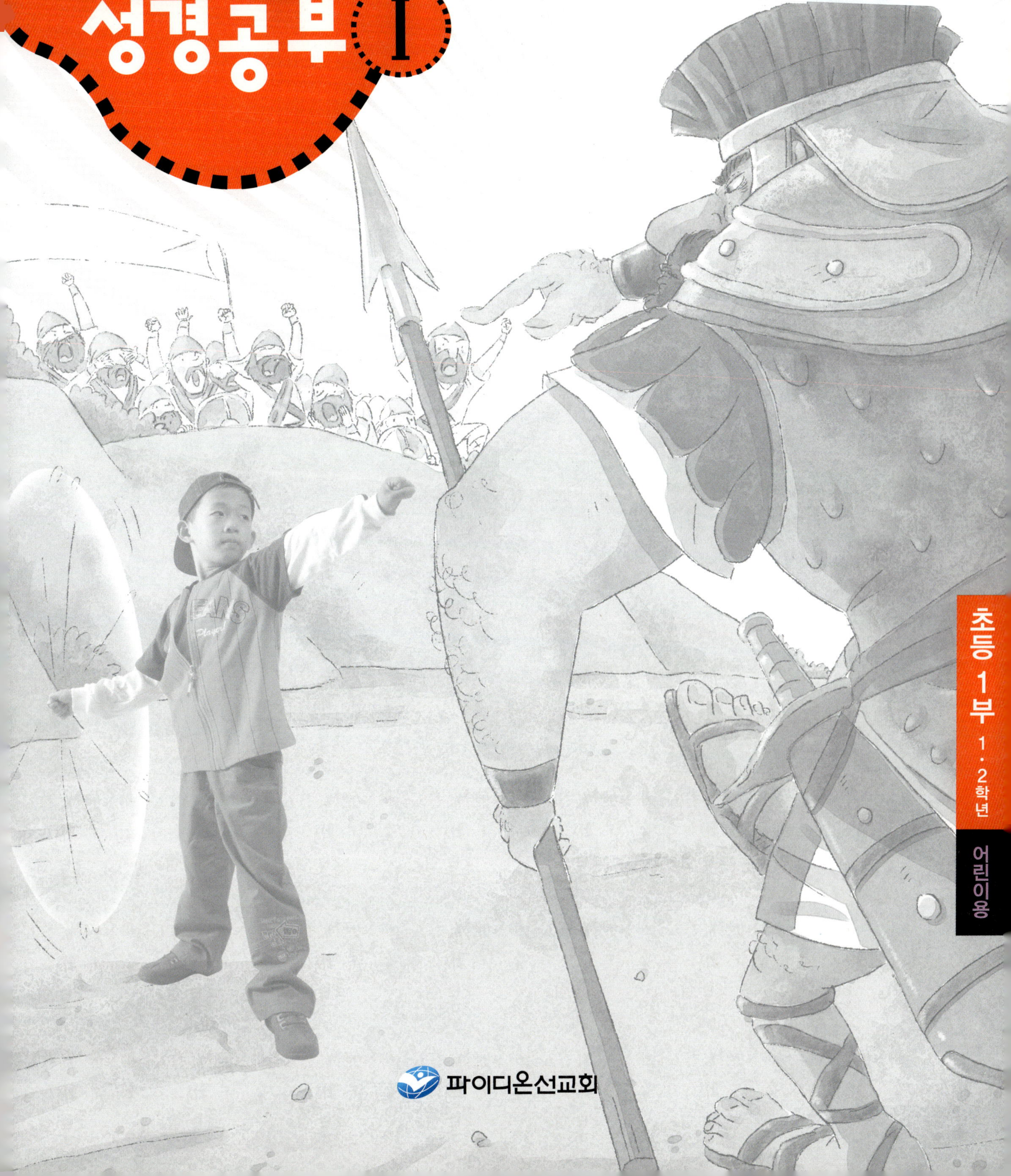

초등 1부 1·2학년

어린이용

파이디온선교회

예수마당 성경공부 1

필요를 채우시는 하나님을 소개하시는예수님

마태복음 6:25~27

왜 우리는 먹을 것에 대해 염려할 필요가 없나요?
하나님은 우리를 어떻게 돌보아주시나요?

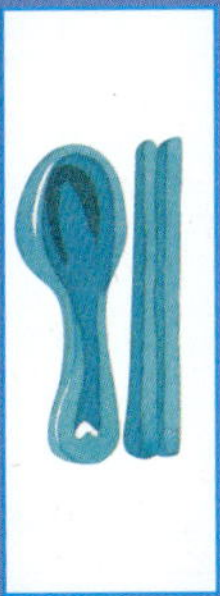

고린도후서 9장 10~11절

심는 자에게 씨와 먹을 양식을 주시는 이가 너희 심을 것을 주사 풍성하게 하시고 너희 의의 열매를 더하게 하시리니 너희가 모든 일에 부요하여 너그럽게 연보를 함은 저희로 우리로 말미암아 하나님께 감사하게 하는 것이라.

지금 게임에서처럼 자기 것을 다른 사람에게 나누어준 경험이 있으면 이야기해보세요.

우리는 배고픈 사람들을 어떻게 도울 수 있을까요?

1 필요를 채우시는 하나님을 소개하시는 예수님

부모님과 보세요

[포인트] 필요한 것을 채워주시는 하나님을 의지하라.
[중심 성경 구절] "너희가 거저 받았으니 거저 주어라"(마 10:8 하).

부모님께

오늘 아이들은 하나님이 먹을 것과 마실 것과 입을 것을 공급해주시기 때문에 염려할 필요가 없다는 것을 배웠어요. 그리고 가지지 못한 사람들과 하나님의 축복을 나눌 수 있다는 것도 알게 되었어요. 한 주 동안 다음의 활동들을 아이와 함께 하면서 하나님이 우리의 필요를 채워주신다는 것과 하나님의 사랑을 나타낼 수 있도록 다른 사람들과 나눌 필요가 있다는 것을 아이에게 가르쳐주세요.

필요한 것과 원하는 것

필요한 것과 원하는 것 사이의 차이를 아이가 깨달을 수 있게 도와주세요. 오래된 잡지와 가위, 풀, 종이를 준비하고 필요한 것(의식주)과 원하는 것(장난감, 자동차, 사탕 등)에 대해 이야기하면서 잡지에서 그림들을 오려내세요. 필요한 것을 보여주는 그림과 원하는 것을 보여주는 그림을 각각 여섯 개씩 오려내 종이에 붙이세요. 그림을 붙인 종이를 섞어서 테이블 위에 한 줄로 엎어놓으세요. 식구들에게 돌아가면서 한 번에 두 장씩 종이를 넘기게 하세요. 두 장이 모두 필요한 것이거나 원하는 것이면 그 두 장을 따로 보관하고 두 장을 더 넘기게 하세요. 한 장은 필요한 것을 보여주는 그림이고 다른 한 장은 원하는 것을 보여주는 그림일 경우는 다시 엎어놓게 하고 다음 사람 차례가 되게 하세요. 모두 짝을 맞추게 될 때까지 계속하세요. 그리고 하나님은 우리에게 필요한 모든 것을 공급해주신다는 것을 아이가 기억할 수 있게 도와주세요.

소풍

작은 노트, 연필, 도시락, 돋보기 등을 준비해서 아이와 함께 가까운 산이나 들로 소풍을 나가세요. 자연 속에서 하나님이 우리에게 주신 것들을 아이가 보고 그림을 그리거나 적어보게 하세요. 동물이나 곤충이 만든 집들을 살펴보고 망가뜨리지 않게 조심하면서 깃털이나, 고치, 나무 열매 등 하나님이 제공해주신 것들을 수집하세요. 하나님이 공중의 새들과 또 모든 동물들을 어떻게 먹이시는지에 대해 이야기하세요. 동물들에게 필요한 의식주와 사람들에게 필요한 의식주를 비교해보고, 하나님이 동물과 사람을 모두 돌봐주신다는 것을 알려주세요.

다양해요

다양한 종류의 과일과 야채를 준비하고 아이에게 씻는 일을 돕게 하세요. 여러 가지 모양으로 과일과 야채를 깎아놓으세요. 준비한 과일로 아이가 만들고 싶은 물건을 만들어보게 하세요. 과일과 야채를 연결하거나 쌓기 위해 이쑤시개를 사용하게 하세요. 아이와 함께 작품을 만들면서 하나님이 주신 다양한 음식들에 대한 이야기를 나누세요. 하나님은 우리를 사랑하시고 우리가 건강하게 살아가기를 원하시기 때문에 다양한 많은 음식들을 제공해주신다는 사실을 아이가 알 수 있게 도와주세요. 다 만든 작품을 맛있게 나누어 먹으세요.

간단하게 먹어요

한두 가지의 반찬으로 된 간단한 식사를 준비하세요. 식사를 하면서 부유한 사람들의 식탁과 가난한 사람들의 식탁이 어떻게 다른지에 대해 이야기하세요. 그리고 일주일에 한 번씩 간단한 음식을 먹으면서 돈을 모아 어려움을 당한 사람들을 돕기 위한 자선 단체 같은 곳에 그 돈을 보내는 것에 대해 가족들과 의논해보세요.

예수마당 성경공부

예수마당
성경공부

2 온 마음을 담아 드리는 사람을 칭찬하시는 예수님

마가복음 12:41~44

과부는 돈을 얼마나 가지고 있었나요?

과부의 헌금에 대해 예수님은 뭐라고 하셨나요?

하나님께 헌금을 드릴때 구체적으로 여러분의 온전한 마음을 표현할 수 있는 자세와 모습을 적어보세요.

부모님과 보세요

2 온 마음을 담아 드리는 사람을 칭찬하시는 예수님

[포인트] 온전한 마음을 담아 하나님께 드리라.

[중심 성경 구절] "너희가 거저 받았으니 거저 주어라"(마 10:8 하).

부모님께

오늘 아이들은 하나님이 많은 헌금보다는 온전한 마음과 정성으로 드리는 헌금을 기뻐하신다는 것을 배웠어요. 아이들은 앞으로 습관적으로 내는 헌금이 아니라 온 마음과 정성을 모아서 헌금을 드리기로 결심했어요. 아이들이 하나님께 드리는 헌금을 평소에 정성껏 준비해서 드릴 수 있도록 물질 사용에 대해 잘 지도해주세요. 정성스러운 헌금에 대해 아이가 잘 이해할 수 있도록 다음의 아이디어를 활용하세요.

케이크

하나님은 정성스러운 마음이 담긴 헌금을 기뻐하신다는 것을 알려주기 위해 케이크를 아이와 함께 만드세요. 맛있는 케이크를 만들기 위해서는 무조건 재료의 양만 많으면 되는 것이 아니라 세심하게 재료들의 양을 알맞게 맞추고 반죽하여 오븐에 굽는 과정이 필요함을 이야기해주세요.

만드는 법

다음의 재료들을 큰 그릇에 담아 섞으세요.
- 바닐라 향 1 티스푼
- 달걀 1개
- 흰 설탕 1/2컵
- 초콜릿 시럽 3/4컵
- 녹인 마가린 1/2컵

다음의 재료들을 또 하나의 큰 그릇에 담아 섞으세요.
- 베이킹 파우더 1/2 티스푼
- 소금 1/2 티스푼
- 밀가루 1컵

재료 섞은 것을 한데 합쳐서 반죽하세요. 케이크 굽는 판에 기름을 바른 후 반죽을 편 다음, 가운데를 눌러서 다시 부풀어오를 때까지 오븐에 구우세요.

헌금 봉투

문구점에서 색깔이 있는 예쁜 편지 봉투를 구입하세요. 그리고 편지 봉투 전체를 코팅하세요. 코팅을 한 색깔 편지 봉투의 테두리를 가위로 자른 다음 봉투의 입구가 벌어지도록 가위로 입구 부분을 잘라주세요. 코팅한 색깔 편지 봉투의 겉을 예쁜 스티커나 컬러 매직으로 꾸미면 나만의 예쁜 헌금 봉투가 완성된답니다. 아이에게 일주일 동안 정성스럽게 헌금을 준비하게 한 후 헌금 봉투에 넣어 하나님께 헌금을 드리도록 하세요.

단순한 생활

단순하게 살면서 하나님께 정성스러운 헌금을 드리는 것을 가정의 목표로 삼으세요. 전기를 아끼고 비싼 장난감이나 새 옷을 사기보다는 이웃과 서로 나누어 쓰는 것을 실천해보세요. 좋은 목적을 위해 이웃끼리 함께 실천하면 더 친하게 지낼 수도 있답니다. 이렇게 단순한 생활을 하면서 모은 돈을 주일날 가족 전원의 이름으로 주변에 어려운 사람을 돕기 위한 헌금으로 드리세요.

지금 준비하세요

아이들은 대개 헌금은 주일 아침에 부모님이 챙겨주는 것으로 생각해요. 하지만 용돈을 아끼거나 심부름을 해서 받은 돈을 정성껏 모아 아이들도 얼마든지 하나님께 직접 드릴 수 있다는 것을 알려주세요. 그리고 하나님은 아이들이 바친 정성스런 헌금을 매우 기뻐하신다는 것을 알려주세요. 일주일 동안 각자 하나님께 드릴 헌금을 준비하게 한 후, 토요일 저녁 함께 어떻게 헌금을 준비했는지 가족이 이야기를 나누며 격려하세요. 그리고 언제나 우리를 돌봐주시는 하나님께 감사하며 헌금을 드릴 수 있게 도와주세요.

예수마당 성경공부

예수마당 성경공부 3

아픈 사람들을 치료하시는 예수님

마가복음 5:21~24, 35~42

예수님은 왜 소녀를 살려주셨나요?

야이로 아저씨는 예수님께 자신의 믿음을 어떻게 나타내었나요?

환자를 도와줄 때 마음이 어땠나요?

여러분이 아플 때 누군가가 나의 마음을 즐겁게 해준 적이 있나요?

다른 사람들의 마음을 즐겁게 해주려면 어떻게 행동해야 하나요?

3 아픈 사람들을 치료하시는 예수님

부모님과 보세요

[포인트] 아픈 것을 고쳐주시는 하나님께 부탁드리라.

[중심 성경 구절] "너희가 거저 받았으니 거저 주어라"(마 10:8 하).

부모님께

오늘 아이들은 예수님은 아픈 사람들에게 관심을 가지고 계시며, 하나님이 우리를 돌볼 수 있는 가족과 친구들, 의사 선생님들을 주셨다는 것을 배웠어요. 그리고 하나님은 건강, 질병 그리고 죽음까지도 모두 주관하신다는 것도 배웠어요. 예수님이 아픈 사람들을 돌보시고 또 우리가 건강하게 지내는 데 필요한 것들을 공급해주신다는 것을 아이가 이해할 수 있도록 다음의 활동들을 하세요.

건강 관리

우리가 건강한 생활을 할 수 있도록 하나님이 건강에 좋은 음식들을 주신 사실에 대해 이야기하세요. 도서실을 찾아가 건강 식품 피라미드에 대해 읽어보세요. 한 주 동안의 식단 짜는 일을 아이가 도울 수 있게 해주세요. 한 주 동안의 식단을 짜면서 건강에 좋은 식품들을 얼마나 포함시킬 수 있는지 알아보세요. 가능하면 육류를 줄이고 과일과 야채, 곡물을 많이 포함시키도록 하세요. 운동하는 시간도 잊지 말고 충분히 가지도록 하세요. 식구들이 다 같이 빨리 걷기를 하면 재미있기도 하고 또 모두 기분이 좋아질 거예요.

빨리 나으세요

아프다고 느끼는 친구를 위해 위로의 바구니를 만드세요. 감기약, 휴지, 허브 차, 꿀, 한지를 접어 만든 꽃을 붙인 카드 등을 바구니에 담으세요. 한지 두 장을 부채 만드는 것처럼 각각 접으세요. 두 장을 포갠 다음 반으로 접으세요. 접은 부분을 손으로 잡고 접은 종이를 사방으로 꺾은 다음 잘 펼쳐서 꽃잎처럼 만드세요. 꺾은 부분을 테이프로 붙이세요. 만들어진 꽃송이를 카드에 붙이고 초록색으로 줄기와 잎을 그리세요. 카드 안쪽에는 빨리 낫기를 바란다는 편지를 쓰세요.

의사 선생님이 말했어요

가족들이 함께 의사 놀이를 해보세요. 식구들이 돌아가면서 의사가 되고 다른 사람들이 해야 할 일을 지시하는 놀이를 하세요. 예를 들어 의사는 '기침을 해보세요' '누워서 한숨 자도록 하세요' 등과 같은 지시를 할 수 있을 거예요. 그리고 하나님이 아픈 사람들을 돌보시기 위해 의사와 간호사를 주셨다는 것을 아이들이 기억할 수 있게 도와주세요.

의사 놀이

사람들이 아플 때 어떻게 도와줄 수 있는지에 대해 아이와 이야기를 나누세요. 그런 다음 잠시 병원 놀이를 하세요. 아이와 부모가 돌아가면서 의사와 환자의 역할을 하며 서로 돌보도록 하세요. 과일 주스를 마시며 건강을 주신 것과 서로를 돌보는 사랑하는 가정이 되게 해주신 것을 하나님께 감사드리세요.

예수마당 성경공부 4

소외된 사람들과 함께하시는 예수님

누가복음 15:1~7

만약 여러분이 친구들로부터 따돌림를 당한다면 마음이 어떨까요?

여러분이 혼자 원 가운데 떨어져 있었을 때 다른 친구들이 서로 받아주려는 모습을 보니 어떤 느낌이 들던가요?

여러분은 혼자 다니며 외로워하는 사람을 받아주기 위해 어떻게 할 수 있을까요?

4 소외된 사람들과 함께하시는 예수님

부모님과 보세요

[포인트] 예수님처럼 힘없고 약한 친구들과 함께하라.

[중심 성경 구절] "너희가 거저 받았으니 거저 주어라"(마 10:8 하).

부모님께

예수님은 모든 사람들을 사랑하고 보호하기 원하시며 사람들이 서로 받아들이지 못하고 거부하는 것을 보실 때 슬퍼하신다는 것을 아이들은 오늘 배웠어요. 소외당한 사람들이 사랑과 환영을 받고 있다고 느낄 수 있도록 그들에게 친절을 베풀어야 한다는 것도 배웠어요. 그리고 아이들이 외로움을 느낄 때 예수님이 그들과 함께 계신다는 것도 알게 되었어요.

나의 위로

지금까지 어려웠던 경험을 아이에게 그림으로 표현하세요. 어떤 때는 건강이 좋지 않아서 어려웠을 수도 있어요. 어떤 경우는 외로워서 어려웠을 수도 있어요. 다음으로는 위로가 되어주었던 것들을 아이에게 그려보게 하세요. 아마도 아이는 예수님, 친구들, 가족 혹은 애완 동물 등의 그림을 그릴 수 있을 거예요. 아이들이 외로움을 느낄 때마다 항상 함께하시는 예수님에 대해 말씀해주세요. 그리고 언제나 함께하시는 예수님이 계시므로 혼자가 아니라는 사실을 알려주세요.

많은 사람들 중의 한 사람

아이의 친구들 중 5-6명을 저녁 식사에 초대하세요. 다른 친구들로부터 소외당하는 아이들도 1-2명 더 초대하세요. 아이들에게 바나나를 하나씩 가져오게 하고 아이들이 좋아하는 음식을 준비하세요. 저녁 식사를 마친 후 아이들에게 각자 바나나를 썰어 큰 그릇에 다 같이 담게 하세요. 그런 다음 각자 작은 그릇에 바나나를 덜고 다음의 재료들을 섞어 후식을 만들어 먹게 하세요. 귤, 파인애플 간 것, 잘게 부순 땅콩, 초콜릿 조각, 딸기 맛 나는 소스나 초콜릿 맛 나는 소스.

혼자서도 외롭지 않아요

외로움을 견뎌야 하는 것은 힘든 일이에요. 아이들이 혼자 있는 시간을 어떻게 잘 보낼 수 있는지를 배울 수 있게 도와주세요. 혼자 지내는 방을 따로 정해두고 가족들이 각자 혼자 있는 시간을 가지도록 하세요. 아이는 책을 읽을 수도 있고 퍼즐을 맞출 수도 있고 조용히 장난감을 가지고 놀 수도 있고, 음악을 들을 수도 있을 거예요. 텔레비전을 보거나 전화하는 일은 하지 못하게 하세요. 저녁을 먹고 바로 1-2시간 정도 혼자 지내는 시간을 갖게 한 다음 다시 가족들이 한자리에 모여 간단한 간식을 먹으며 소외감을 느끼는 것과 혼자 시간을 보내는 것 사이의 차이점에 대해 이야기를 나누세요.

결코 혼자가 아니에요

가족들이 같이 갔던 곳의 그림들을 모으세요. 휴가를 즐기기 위해 갔던 곳, 학교, 집, 교회 등 매일 가는 곳의 그림이나 사진을 준비하세요. 아이에게 사진이나 그림을 종이에 붙여 포스터를 만들게 하고 하나님은 우리가 어디에 있든지 우리와 함께하신다는 것을 기억할 수 있게 도와주세요.

예수마당 성경공부

예수마당 성경공부 5

배려

창세기 13:1~12

어떻게 도울 수 있을까요?

민희가 학교에서 돌아와 보니 어머니가 소파에 누워 계셨고 탁자에는 온도계와 아스피린이 놓여 있어요. 민희는 어머니가 감기에 걸리셨다는 것을 알아차렸어요. 어머니와 가족들을 위해 민희는 무엇을 할 수 있을까요?

지영이의 언니는 굉장히 실망을 했어요. 연극 발표회를 준비하면서 중요한 배역을 맡고 싶었는데 그만 그 배역을 다른 사람이 맡게 되었어요. 지영이는 언니를 위해 무엇을 할 수 있을까요?

승혁이 형에게 기쁜 일이 생겼어요. 과학 발명품 전시회에 참가해서 최고상을 받았거든요. 이런 형을 위해 승혁이는 무엇을 할 수 있을까요?

정수의 아버지는 열심히 일하세요. 아버지가 밤늦게 집으로 돌아오시는데 몹시 피곤해 보이셨어요. 그리고 아침에는 정수가 일어나기도 전에 일터로 가세요. 정수는 요즘이 아버지가 가장 바쁘신 때라는 걸 알고 있어요. 정수는 아버지와 가족들을 위해 무엇을 할 수 있을까요?

5 배려

부모님과 보세요

[포인트] 가족끼리 서로 배려하라.

[중심 성경 구절] "우리가 이 계명을 주께 받았나니 하나님을 사랑하는 자는 또한 그 형제를 사랑할지니라"(요일 4:21).

부모님께

오늘 아이들은 가족들이 서로 배려하는 것이 가족 생활의 한 부분이라는 것을 배웠어요. 그리고 하나님은 가족 간에 생겨나는 갈등을 가족들이 함께 해결하면서 서로 사랑하기를 원하신다는 것도 알게 되었어요. 한 주 동안 가족들이 서로 사랑을 표현할 수 있도록 다음의 아이디어들을 활용해보세요.

같이 걷기

가족과 함께 주변을 산책하면서 같이 걷기를 한 주 동안 해보세요. 그런 다음 가족들이 어떻게 하면 서로 좀더 협조할 수 있을지 이야기해보세요.
가족들이 서로 어깨동무를 하세요. 그런 다음 각자의 오른발을 들어 오른쪽에 서 있는 사람의 왼발 앞에 놓게 하세요. 그런 다음 왼발을 끌어당겨 왼쪽에 서 있는 사람의 오른발 앞에 놓게 하세요. 몇 번 연습을 한 다음 조금 빨리 해보세요.

언제나 사랑받고 있어요

종이로 된 하트 모양의 핀이나 책꽂이를 여러 개 만드세요. 가족들에게 하나씩 나누어주고 가족들이 배려해야 한다는 걸 기억할 수 있도록 늘 가지고 다니게 하세요. 한 주가 지난 다음 매일 가족들이 서로를 배려한다는 것을 기억하면서 어떤 마음이 들었는지를 서로 이야기하는 시간을 가지세요.

건강에 좋은 음식

다음의 풍성하고 맛있는 식탁을 준비해서 가족들에 대한 사랑을 표현하세요. 닭고기 백숙을 준비하고, 다양한 야채와 하트 모양으로 된 마카로니 국수를 넣고 재료가 익을 때까지 약한 불에서 끓인 다음, 당근을 썰어 식구들이 좋아하는 빵이나 비스켓과 함께 먹을 수 있게 준비하세요. 음식을 먹으며 가족들의 건강을 유지해줄 수 있는 음식들에 대해 이야기하며 가족들이 건강에 좋은 식생활 습관을 가질 수 있게 배려하는 것도 가족들을 돌보는 한 가지 방법이 된다는 것을 설명해주세요.

멀리 사는 친척 돌보기

아이가 멀리 살고 있는 사촌들 중의 한 사람과 편지를 주고받게 하세요. 식구들이 좋아하는 후식을 만드는 법, 가족들이 좋아하는 영화, 휴가철에 자주 찾아가는 곳, 토요일에 즐겨하는 일, 가장 좋아하는 책들에 대해 서로 편지를 쓰게 하세요.

예수마당 성경공부

예수마당 성경공부

6 순종

⇨ 에베소서 6:1~3,
디모데전서 4:7 하, 12~13, 16

* 시편 119편 2절을 적으세요.

* 부모님께 순종하기로 결심한 내용을 적으세요.

✐ 우리는 온 마음을 다해 무엇을 해야 하나요?

✐ 하나님은 어떤 점에서 우리의 부모님과 같은가요?

부모님과
보세요

6 순종

[포인트] 부모님께 순종하라.

[중심 성경 구절] "우리가 이 계명을 주께 받았나니 하나님을 사랑하는 자는 또한 그 형제를 사랑할지니라"(요일 4:21).

부모님께

오늘 아이들은 하나님은 자녀들이 부모님께 순종하기를 원하신다는 것을 배웠어요. 그리고 순종은 행복한 삶을 살 수 있게 도와준다는 것과 어렵기는 하지만 순종할 때 그 보상이 크다는 것도 배웠어요. 아이가 순종하는 생활을 할 수 있도록 돕기 위해 다음의 아이디어들을 활용하세요.

그대로 따라하기

케이크 가루를 사서 아이와 함께 지시된 대로 케이크를 만드세요. 케이크를 만들며 만일 한두 가지 재료를 빼고 넣지 않는다면 어떤 케이크가 만들어질 것인지에 대해 아이와 이야기를 나누며, 지시 사항을 잘 따르는 것이 중요하다는 것을 아이가 깨달을 수 있도록 도와주세요. 그리고 우리의 아버지가 되시는 하나님은 우리가 불순종할 때도 우리를 사랑하시고, 우리가 잘못을 깨닫고 용서를 구하면 용서해주시며 하나님의 놀라운 계획을 따라 살 수 있게 도와주신다는 것을 아이에게 설명해주세요. 하나님의 사랑에 대해 이야기하면서 만들어진 케이크를 먹도록 하세요.

규칙들을 적은 목록

아이가 가족들이나 교회 식구들, 혹은 이웃의 나이 드신 분들과 이야기하면서 그분들이 어릴 때 지켜야 했던 규칙들은 어떤 것들이었는지를 알아보게 하세요. 요즘 우리 아이들이 지켜야 하는 규칙과 얼마나 다른지를 알아보게 하세요. 그리고 그 규칙들을 커다란 종이에 적게 하세요. 그리고 다른 종이에는 요즘 아이들이 따라야 하는 규칙들을 적게 하세요. 그런 다음 아이에게 다음의 질문들을 하세요. 이 두 규칙들은 어떤 점에서 비슷한가? 어떤 점이 다른가? 어떤 규칙이 더 엄한가? 어른들이 어렸을 때 따랐던 규칙을 따르며 자라야 한다면 어떨 것이라 생각하는가?

청소하는 법

동네를 돌면서 지켜야 할 규칙들을 모두 찾아내세요. 일단 정지 표시판, 신호등, 출입금지 표시, 그밖의 다른 주의 사항들도 찾아내세요. 그리고 아이와 왜 그런 지시들이 있어야 하는지에 대해 이야기하세요. 만일 규칙이 없다면 우리 생활은 어떻게 될까요? 하나님이 주신 계명들로 우리 가정을 안전하게 지켜주시는 하나님께 감사드리세요.

순종의 모자

신명기 6장 8절이 아이에게 실감나는 구절이 되게 해주세요. 종이로 간단한 모자를 만드세요. 그런 다음 신명기를 읽고 하나님의 말씀에 순종할 것을 기억나게 해주는 그림이나 표시를 모자에 그리게 하세요. 그 모자를 자주 쓸 수 있는 기회를 만들어주세요.

예수마당 성경공부 7

변합없는 하나님의 사랑

누가복음 15:11~32

만일 하나님의 모든 사랑을 다 보여주는 조각품을 만든다면 얼마나 클까요?

여러분은 언제 부모님이 여러분을 사랑하신다는 것을 느끼나요?

집에서 사랑을 어떻게 나타낼 수 있나요?

7 변함없는 하나님의 사랑

부모님과 보세요

[포인트] 우리를 변함없이 사랑하시는 하나님을 알라.

[중심 성경 구절] "우리가 이 계명을 주께 받았나니 하나님을 사랑하는 자는 또한 그 형제를 사랑할지니라"(요일 4:21).

부모님께

오늘 아이들은 어떤 경우에도 하나님은 우리를 사랑하신다는 것을 배웠어요. 그리고 돌아온 탕자의 이야기를 통해 우리가 용서를 구할 때마다 하나님은 언제나 우리를 기꺼이 용서해주시고 또 세상의 그 어떤 것도 하나님의 사랑에서 우리를 갈라놓을 수 없다는 것도 배웠어요.

새벽 노래

잠자리에 들기 전에 시편 90편 14절을 아이와 함께 읽으세요. 그리고 다음의 가사로 된 노래를 '따르릉 따르릉 비켜나세요' 곡조에 맞추어 여러 번 연습해두었다가 다음날 아침에 아이를 깨울 때 불러주세요.

주님의 아이는 일어나세요. 아침 해가 떴어요. 환히 빛나요.
팔을 들어 올려요. 웃어보세요. 하나님의 사랑을 기억하면서.

꽈배기

아이와 함께 동네를 돌면서 꽈배기를 사세요. 따뜻한 꽈배기를 먹으면서 꽈배기와 서로를 따뜻하게 포옹해주는 것은 어떤 점에서 비슷한지를 이야기하세요.

하나님의 사랑

에베소서 3장 18-19절을 아이와 같이 읽으세요. 그런 다음 아이에게 아주 넓고, 크고, 높고, 깊은 것을 한 가지씩 생각하게 하세요. 그런 다음 그 네 가지를 그림으로 그려보게 하세요. 아이에게 에베소서 3장 18절을 도화지 위에 옮겨 적으면서 '넓고, 크고, 높고, 깊은' 이라는 네 단어 대신 아이가 그린 그림을 그 자리에 붙이게 하세요. 하나님의 사랑을 기억할 수 있게 만들어진 포스터를 아이의 방에 걸어주세요.

사랑을 주세요

한 주가 시작될 때 가족들이 모여 그동안 모은 포장지로 하트 모양 카드를 많이 만드세요. 그리고 각자 한 주 동안 다른 식구들의 소지품 속에 하트 모양 카드를 몰래 넣어주기로 하세요. 예를 들어 주머니나 신발, 가방, 모자 등에 넣어줄 수도 있고 어머니를 위해 설탕 그릇이나 부엌 서랍 같은 곳에 넣어둘 수도 있을 거예요. 기발한 아이디어들을 활용해서 즐거운 경험이 되게 하세요. 한 주가 지나고 나서 가족들이 얼마나 서로 사랑을 표현했는지 그리고 다른 사람을 기쁘게 해주는 일이 얼마나 즐거운 일이었는지에 대해 이야기를 나누세요. 그리고 하루의 피곤을 잊게 해주는 석양의 아름다움처럼 우리를 깜짝 놀라게 하는 하나님의 사랑에 대해서도 이야기를 나누세요.

예수마당 성경공부

8 교회, 하나님의 가족

사도행전 4:32~37

다른 친구들의 도움을 받은 경우와 도와준 경우 가운데 어느 것이 더 좋다고 생각하나요?

같은 반 친구로서 우리는 다른 친구를 어떻게 도와줄 수 있을까요?

교회에 있는 다른 사람들을 돕기 위해 우리가 힘을 합쳐 일할 수 있는 일들에는 무엇이 있을까요?

부모님과 보세요

8 교회, 하나님의 가족

[포인트] 하나님의 가족으로 서로 도우라.

[중심 성경 구절] "우리가 이 계명을 주께 받았나니 하나님을 사랑하는 자는 또한 그 형제를 사랑할지니라"(요일 4:21).

부모님께

오늘 아이들은 그리스도인은 하나님의 가족의 일원이라는 것을 배웠어요. 그리스도인들은 가정에서 식구들이 하듯이 서로 사랑하고 나누고 돌봐주어야 한다는 것도 배웠어요. 그리고 아이들이 하나님의 가족이 된다는 것이 무엇을 뜻하는지를 다른 사람들이 알 수 있도록 별처럼 빛나기를 하나님께서 원하신다는 것을 알게 되었어요. 아이가 하나님의 가족의 한 사람으로 진실되고 섬기는 마음을 가진 구성원이 될 수 있도록 도와주기 위해 다음의 활동들을 사용하세요.

모두를 위한 하나

가정에서 그리고 교회에서 서로 나눈다는 것이 무슨 뜻인지를 토의하면서 다음의 재미있는 식사를 준비해보세요. 소고기 간 것을 미리 준비하세요. 소고기 간 것을 넓적하게 펼치고 그 위에 소금과 후추 가루를 뿌린 다음 잘 익을 때까지 볶으세요. 물기를 뺀 다음 볶은 고기를 식빵 위에 얹으세요. 그런 다음 겨자나 토마토 케첩 같은 것을 그 위에 뿌리고 식빵으로 덮은 다음 싱싱한 야채와 함께 먹을 수 있게 하세요. 초기 그리스도인들이 했던 것처럼 어떻게 하면 먹을 것을 다른 사람들과 나눌 수 있는지에 대해 서로 이야기를 나누세요.

세상의 빛

가족들이 식사를 마친 후 맛있는 차와 큰 초와 작은 초를 미리 준비하세요. 촛불을 켜고 다른 불들을 끄세요. 가족들이 함께 빌립보서 2장 15절을 읽으세요. 세상의 어두운 부분이 무엇인지 이야기한 다음, 어떻게 하면 어두운 세상에서 빛을 발하면서 살 수 있는지 아이와 이야기를 나누세요. 큰 초는 많은 부분을, 작은 초는 적은 부분을 빛으로 밝힌다는 것을 알게 하세요. 그리고 적은 부분이라도 빛의 역할을 할 때 세상은 빛으로 바뀌게 된다는 사실을 알려주세요.

다양한 맛

약간의 소금, 설탕, 커피 그리고 레몬 주스를 준비하세요. 혀의 각 부분은 다른 맛에 대해 특별히 예민하다는 것을 아이에게 설명해주세요. 그런 다음 준비한 것들을 차례로 혀의 끝, 옆부분, 뒷부분에 조금씩 올려놓고 맛을 보게 하세요. 그런 다음 잼을 바른 과자와 주스를 간식으로 먹으며 각각 맛을 느끼는 부분은 다르지만 함께 섞일 때 음식의 맛을 즐길 수 있다는 것을 이야기해주세요. 그리고 교회에 모이는 모든 사람들이 서로 다르지만 모두 힘을 합해 함께 일할 때 교회가 놀라운 일들을 할 수 있다는 사실을 혀의 맛을 느끼는 역할과 비교해 설명해 주세요.

자원 봉사자

도움을 필요로 하는 사람들을 돕기 위해 교회가 어떤 일을 하고 있는지를 알아보세요. 가난한 사람들을 돕기 위해 돈을 모으고 있거나 음식이나 옷을 모으는 일을 하고 있다면 아이와 함께 시간을 내어 도울 수 있는 방법이 있는지 알아보세요. 사람들이 가져오는 음식이나 옷을 정리하는 일, 기부금을 모으러 다니는 일, 물건을 나르는 일 등을 도와줄 수 있을 거예요. 그리고 음식이나 옷, 돈 등을 가져가도록 하세요.

예수마당 성경공부 9

기억하라

누가복음 22:7~20

◉ 지금까지 기뻤던 일 가운데 세 가지를 적어보세요.

1.

2.

3.

중요한 것들을 기억하기 위해 여러분은 어떻게 하나요?

여러분은 주로 예수님에 대한 것들을 어디에서 배웠나요?

예수님에 대해 기억하는 것을 그림으로 각자 만들어보았어요. 여러분이 만든 그림은 예수님을 알기 위해 왜 중요하다고 생각하나요?

예수님이 기적을 베푸셨고, 십자가에서 우리를 위해 돌아가셨으며 또 우리를 사랑하신다는 사실을 잊지 않으려면 어떻게 해야 할까요?

9 기억하라

부모님과 보세요

[포인트] 예수님을 기억하라.

[중심 성경 구절] "친히 나무에 달려 그 몸으로 우리 죄를 담당하셨으니 이는 우리로 죄에 대하여 죽고 의에 대하여 살게 하려 하심이라" (벧전 2:24 상).

부모님께

오늘 아이들은 예수님과 예수님이 우리를 위해 하신 일들을 기억하는 것이 중요하다는 것을 배웠어요. 그리고 성만찬은 우리를 위해 예수님이 희생하신 것을 기억하기 위한 예식이며 우리는 예수님이 우리에게 하라고 하신 일들을 하면서 예수님을 기억할 수 있다는 것도 배웠어요. 한 주 동안 아이가 예수님을 기억할 수 있도록 다음의 활동들을 활용하세요.

기억

아이의 어렸을 적 사진과 사진 크기의 카드를 여러 장 준비하세요. 카드에 각각 다른 모양과 선을 그려넣으세요. 카드를 책상 위에 놓고 아이가 잠시 동안 카드와 카드 뒤에 있는 사진을 볼 수 있게 하세요. 그런 다음 카드를 지적하면 기억나는 내용에 대해 이야기하게 하세요. 아이가 익숙해지면 더 많은 카드와 사진을 준비하고 다시 반복하세요. 그리고 기억하는 것이 왜 중요한지에 대해 아이와 이야기를 나누세요.

기억하고 실천하기

식구들이 각자 한 주 동안 기억하고 해야 할 일의 목록을 다섯 개 정도씩 적게 하세요. 아침에 집을 나서기 전에 가족들이 같이 기도한다거나 예수님이 항상 함께하신다는 사실을 기억하기 위해 식탁에 특별한 자리를 마련한다거나 하는 일들도 포함시켜 가족들이 예수님을 기억할 수 있게 도와주세요. 각자 적은 목록을 잘 보이는 곳에 붙여두세요. 한 주가 끝난 다음 목록에 적힌 일들을 잘 완수한 것을 함께 축하하는 시간을 가지세요.

봄 달력 만들기

아이가 3월 달력 만드는 것을 도와주세요. 그리고 봄이 찾아오면서 볼 수 있는 새로운 자연 현상들을 각 날짜의 빈 공란에 적어넣게 하세요. 예를 들어 목련꽃이 돋아나는 것을 처음 본 날, 개나리꽃이 피기 시작한 날, 마지막 남은 눈이 다 녹아버린 날, 봄 새가 처음 다시 찾아온 날 등과 같이 적을 수 있을 거예요. 예수님이 십자가에 돌아가셨다가 다시 살아나셔서 우리에게 새 생명을 가져다준 것을 기억나게 해주는 새로운 생명이 다시 움트는 봄철 이야기를 아이와 나누세요.

다시 떠올라요

컵에 사이다를 부은 다음 아이스크림을 넣으세요. 아이스크림을 사이다 속으로 넣고 잠시 기다리면 다시 떠오를 거예요. 아이에게 예수님도 무덤에서 다시 살아나셨다는 것을 이야기해주세요. 아이스크림이 녹아드는 사이다를 아이와 함께 마시며 죽음이 예수님을 가두어둘 수 없었다는 것을 이야기해주고 예수님의 승리를 축하하세요.

예수마당 성경공부

예수마당 성경공부 10

우리를 아시는 예수님

마가복음 14:27~31, 66~72

◉ 시편 139편 7~10절을 쓰세요.

내가 주의 신을 ________ 어디로 가며

주의 앞에서 어디로 ____________

내가 ________에 올라갈지라도 거기 계시며

________에 내 자리를 펼지라도 거기 계시니이다

내가 새벽 날개를 치며 ________끝에 가서 거할지라도

곧 거기서도 주의 ________ 나를 인도하시며

주의__________ 나를 붙드시리이다.

하나님을 피해 어디로 가서 숨을 수 있을까요?

왜 우리는 하나님 앞에서 감출 수가 없나요?

부모님과 보세요

10 우리를 아시는 예수님

[포인트] 우리의 모든 것을 아시며 이해하시는 예수님을 알라.

[중심 성경 구절] "친히 나무에 달려 그 몸으로 우리 죄를 담당하셨으니 이는 우리로 죄에 대하여 죽고 의에 대하여 살게 하려 하심이라" (벧전 2:24 상).

부모님께

오늘 아이들은 예수님은 모든 것을 아신다는 것과 아무도 예수님으로부터 피해 숨을 수 없다는 것을 배웠어요. 그리고 예수님이 우리의 모든 것을 아시기 때문에 우리가 어디에 있는지도 아시고 언제나 보호해주실 수 있다는 것을 알게 되었어요. 그뿐 아니라 예수님이 우리의 장래를 위해 계획하신 놀라운 일들이 있다는 것도 알게 되었어요. 한 주 동안 다음 활동을 하며 예수님이 우리의 모든 것을 아신다는 것을 아이에게 가르쳐주세요.

머리카락

저녁 식사로 스파게티를 준비하세요. 접시 위에 고기 완자를 눈, 코, 입처럼 올려놓으세요. 그런 다음 소스에 섞은 스파게티 국수를 마치 머리카락처럼 완자로 된 얼굴 모양 위쪽에 담으세요. 식사를 시작하기 전에 마태복음 10장 30절을 읽으세요. 그리고 스파게티 가락을 각자 세어보게 하세요. 저녁을 먹으며 모든 것을 아시는 하나님의 놀라운 능력과 사랑에 대한 이야기를 나누세요.

마음의 중심을 보세요

부활절 계란 물들이기를 가족들과 함께 하세요. 색소를 탄 물에 담그기 전 흰색 크레파스로 그림을 그리세요. 그런 다음 서로 비교해보세요. 그림은 잘 보이지 않을 거예요. 그런 다음 계란에 물을 들이세요. 그림이 나타나기 시작하면 사무엘상 16장 7절 하반절을 읽으세요. 그리고 하나님은 아무도 볼 수 없는 우리 마음의 중심을 보신다는 것에 대한 이야기를 나누세요.

모든 사람들의 마음을 아세요

날씨가 좋은 날 밤에 식구들과 밖으로 나가세요. 시편 8편 3-4절을 읽으세요. 그런 다음 하늘에서 북두칠성을 찾아보세요. 그리고 아이에게 왜 하나님이 사람들을 돌보시는지 그 이유를 물어보세요. 하나님은 하늘의 별과 달과 은하수 그리고 온 우주를 만드셨고 이 세상에 사는 모든 사람들의 마음을 알고 계시다는 것을 설명해주세요. 우리의 모든 것을 아시는 하나님을 다 같이 찬양하세요.

사탕 병

병에 식구들이 좋아하는 사탕을 가득 채우세요. 그리고 식구들에게 그 병에 사탕이 몇 개나 들어 있는지를 알아맞혀보게 하세요. 그런 다음 사탕을 꺼내 세어보고 가장 가까운 숫자를 말한 사람을 축하해주세요. 사탕을 나누어 먹으며 시편 139편 17절을 읽으세요. 그리고 나를 향한 하나님의 귀한 생각과 소중한 생각들에 대해 이야기를 나누세요.

예수마당 성경공부 11

완벽하신 예수님

마가복음 15:2-15

어떻게 해야 할까요?

미달이는 받아쓰기 시험에서 30점을 받았어요. 엄마에게 시험지를 보여드리는 대신 구겨서 쓰레기통에 버리고 잃어버렸다고 말씀드렸어요.

준호는 공을 잘 막아내는 골키퍼가 되려고 열심히 연습을 했어요. 큰 시합을 앞두고 준호는 다른 선수들에게 공을 잘 막아내도록 노력하겠다고 말했어요. 그런데 그만 준호의 실수로 쉬운 공을 막아내지 못해 지고 말았어요.

지윤이는 체조를 아주 잘해요. 여러 가지 체조 동작도 못하는 것이 없어요. 그런데 체조 대회에서 2등을 했어요.

11 완벽하신 예수님

부모님과 보세요

[포인트] 예수님은 죄가 없으신 분임을 알라.

[중심 성경 구절] "친히 나무에 달려 그 몸으로 우리 죄를 담당하셨으니 이는 우리로 죄에 대하여 죽고 의에 대하여 살게 하려 하심이라" (벧전 2:24 상).

부모님께

예수님은 우리가 받는 것과 같은 유혹을 받으셨지만 죄는 짓지 않으셨다는 것을 오늘 아이들은 배웠어요. 그리고 우리가 유혹을 물리칠 수 있도록 예수님이 도와주실 수 있다는 것도 배웠어요. 아이가 유혹과 하나님의 완벽하심에 대해 배울 수 있도록 다음의 활동들을 하세요.

예수님의 발자취

아이를 데리고 산책을 하면서 걸어간 발자국 위를 밟고 따라오게 하세요. 예수님이 우리를 위해 완벽한 본을 보여주신 것과 항상 예수님의 발자취를 따르는 것이 얼마나 어려운지에 대한 이야기를 나누세요. 그리고 부모님이 예수님을 본받는 삶을 살 수 있도록 하나님이 도와주신 이야기들을 아이에게 해주세요.

유혹

부엌 식탁 위에 가족들이 좋아하는 간식을 차려두고 저녁 식사를 마칠 때까지는 먹지 말라는 메모를 함께 올려두세요. 저녁 식사를 마친 후 간식을 먹으며 유혹에 대해 가족들과 이야기를 나누세요. 가족 중에 유혹을 견디지 못하고 간식을 먹은 사람이 있었나요? 또 가족들을 유혹하는 것에는 어떤 것들이 있나요? 유혹을 물리치기가 왜 어려운가요? 히브리서 4장 14-16절을 읽으세요.

완전한 어린이

예수님이 완전하신 것처럼 완전하라고 성경은 우리에게 말하고 있어요. 공부를 가장 잘하고 운동도 가장 잘하는 아이가 되어야 한다고 생각하는 아이들이 많아요. 완벽주의자가 되는 것과 그리스도 안에서 완전해지는 것과의 차이를 아이에게 설명해주세요. 하나님은 우리가 공부를 완벽하게 잘하는 학생이 되거나 완벽한 운동 선수가 되는 것을 원하시는 것이 아니라, 하나님을 사랑하고 섬기는 사람이 되기를 원하신다는 것을 알려주세요. 우리가 예수님을 믿을 때 예수님이 우리의 죄를 없애주시고 우리를 하나님 앞에서 완전하게 해주신다는 것을 설명해주세요.

예수마당 성경공부 12

우리를 위해 죽으신 예수님

마가복음 15:15~39

◉ 버려야 할 습관 다섯 가지를 적으세요.

1.

2.

3.

4.

5.

✎ 어떻게 버릴 것인지 적으세요.

12 우리를 위해 죽으신 예수님

부모님과 보세요

[포인트] 나의 죄를 대신해서 돌아가신 예수님을 믿으라.

[중심 성경 구절] “친히 나무에 달려 그 몸으로 우리 죄를 담당하셨으니 이는 우리로 죄에 대하여 죽고 의에 대하여 살게 하려 하심이라” (벧전 2:24 상).

부모님께

하나님은 우리가 하나님과 영원히 함께 살 수 있도록 예수님을 내어주셨다는 것을 아이들은 오늘 배웠어요. 그리고 예수님이 십자가에서 우리 죄를 지고 돌아가시면서 우리와 하나님 사이에 다리를 놓아주셨다는 것도 배웠어요. 예수님의 희생에 대해 아이가 배울 수 있도록 다음의 아이디어들을 활용하세요.

소중한 보물

빈 병을 깨끗하게 씻어두고 스티커나 리본, 레이스, 단추같이 작은 물건들을 준비하세요. 그리고 아이와 함께 병의 바깥쪽과 뚜껑에 붙여 장식을 하세요. 그리고 예수님은 하나님의 가장 소중한 보물이셨지만 우리를 위해 돌아가시도록 이 세상에 보내신 사실에 대해 이야기를 나누세요. 남은 물건들을 병 안에 담으세요.

향기로운 제물

에베소서 5장 2절을 읽고 향기로운 제물이 된다는 것이 무슨 뜻인지에 대해 이야기를 나누세요. 향기 나는 꽃잎이나 말린 풀잎들을 준비하고 아이에게는 종이에 풀로 그림을 그리게 하세요. 그런 다음 그 위에 풀잎이나 꽃잎을 뿌리고 말리게 하세요. 향내 나는 그림을 아이의 방에 걸어두고 예수님의 희생을 기억하게 하세요.

예수님, 감사합니다

부활절 장식을 만들어보세요. 예수님이 돌아가신 것은 슬픈 일이지만 우리의 죄가 용서받고 하나님과 영원히 함께 살 수 있는 기쁨을 우리에게 주셨다는 것을 알게 하세요. 그런 다음 색 도화지를 가로로 삼 등분한 다음 어긋나게 칼집을 넣듯이 오리면서 예수님께 고통을 준 것들에 대한 이야기를 나누세요. 종이를 다 오린 다음 한쪽을 잡고 종이를 늘어뜨리며 예수님이 돌아가셨기 때문에 우리가 얻게 된 새 생명에 대한 이야기를 나누세요. 색종이 오린 것으로 집안을 장식하세요.

달걀 모양의 젤로

달걀의 양쪽 끝에 구멍을 뚫어 속을 나오게 한 다음 껍질을 잘 씻으세요. 한쪽 구멍을 테이프로 막고 가족들이 좋아하는 젤로를 넣은 다음 젤로가 굳어질 때까지 냉장고에 넣어두세요. 달걀 껍질을 벗긴 다음 가족들과 함께 먹으세요.

예수마당 성경공부

예수마당 성경공부

13 다시 살아나신 예수님

마가복음 16:1~20

다른 점

삶은 달걀

같은 점

다른 점

익히지 않은 달걀

친구들은 예수님의 부활을 어떻게 전할 수 있나요?

예수님은 부활하신 후 어디에 계실까요?

13 다시 살아나신 예수님

부모님과 보세요

[포인트] 다시 살아나신 예수님을 믿고 전하라.

[중심 성경 구절] “친히 나무에 달려 그 몸으로 우리 죄를 담당하셨으니 이는 우리로 죄에 대하여 죽고 의에 대하여 살게 하려 하심이라” (벧전 2:24 상).

부모님께

오늘 아이들은 예수님이 다시 살아나셔서 하늘로 올라가셨고 우리가 하나님과 함께 천국에서 살 수 있는 자리를 준비하고 계신다는 것을 배웠어요. 그리고 예수님의 부활은 사람들을 새로운 피조물이 되게 해줄 수 있다는 것도 알게 되었어요. 아이가 부활을 이해할 수 있도록 도와주기 위해 한 주 동안 다음의 아이디어들을 활용하세요.

기적의 케이크

기적의 케이크를 만드세요. 초콜릿 한 조각과 버터 두 숟가락을 녹이세요. 밀가루 한 컵, 설탕 3/4컵, 베이킹 파우더 2 작은 숟가락, 우유 1/2컵, 바닐라 약간을 잘 섞어 빵 굽는 판에 펴담으세요. 설탕 3/4컵, 흑설탕 3/4컵, 코코아 4 작은 숟가락을 섞어 반죽 위에 뿌리세요. 섭씨 180도에서 약 30-40분 정도 구우세요. 빵이 구워지면 가족과 함께 먹으며 반죽이 케이크가 되어 나오게 될 거라는 사실을 믿어야 할 필요가 있음을 이야기하면서 부활을 믿는 것과 비교해보세요.

향내 나는 산책

가족들과 함께 동네를 돌며 산책을 하며 봄 향내를 맡아보세요. 꽃을 심으려고 일구어놓은 땅에서 나는 냄새, 비 온 후의 공기 냄새 등을 맡아보세요. 작은 봄꽃들이 피어나는 모습도 보세요. 어떤 봄 냄새를 가장 좋아하는지 이야기하세요. 봄을 맞아 새 생명이 솟아나는 것을 보며 땅의 신비와 향을 주신 하나님께 감사를 드리세요. 그리고 예수님의 부활을 통해 우리에게 새 생명을 주신 것도 감사를 드리세요.

꽃 만들기

마분지를 오려 가로 2.5cm 세로 30cm 크기로 두 장을 만드세요. 두 장을 직각이 되도록 풀로 붙이세요. 그런 다음 두 장을 번갈아가면서 포개지도록 접어 작은 사각형을 만드세요. 맨 끝의 두 장을 풀로 붙이세요. 풀이 마르면 두 끝을 잡고 펼쳐서 두 끝을 풀로 붙이세요. 그러면 네 개의 방을 가진 작은 꽃 모양이 만들어질 거예요. 꽃을 식구들의 숫자만큼 만들고 각 꽃의 방에는 작은 사탕을 넣으세요. 접시에 꽃을 담아 가족들과 같이 사탕을 먹으며 봄철이 왜 새 생명이 움트기에 좋은지를 이야기해보세요. 그리고 예수님 안에 있는 새 생명이 얼마나 좋은지에 대해서도 이야기하세요.

미래의 집

지푸라기에 물을 들여 나무에 걸어두고 새들이 지푸라기들을 물어다 둥지를 만드는 데 사용하는 것을 관찰하세요. 그리고 아이와 함께 요한복음 14장 1-4절을 읽고 우리를 위해 예수님이 마련하시는 곳은 어떤 곳일지를 이야기하세요.

예수마당 성경공부

용서해주시는 하나님

⇨ 사도행전 8:9-25

요한일서 1장 9절

만일 우리가 우리 죄를 자백하면 저는 미쁘시고 의로우사 우리 죄를 사하시며 모든 불의에서 우리를 깨끗케 하실 것이요.

✎ 우리가 한 잘못을 완전히 지워버릴 수 있는 사람이 있나요?

14 용서해주시는 하나님

부모님과 보세요

[포인트] 잘못했을 때 하나님께 용서를 구하라.

[중심 성경 구절] "그러므로 너희는 하나님의 택하신 거룩하고 사랑하신 자처럼 긍휼과 자비와 겸손과 온유와 오래 참음을 옷 입고"(골 3:12).

부모님께

오늘 아이들은 잘못한 것을 하나님께 말씀드리고 회개하면 용서해주시고 우리의 죄를 하늘의 구름처럼 쓸어버리시고 또 바다의 가장 깊은 곳으로 던져버리신다는 것을 배웠어요. 그리고 회개를 한다는 것은 똑같은 잘못을 반복하지 않도록 최선을 다해 노력하는 것이라는 것도 배웠어요. 하나님이 우리의 죄를 없애주셨다는 것을 아이에게 가르치기 위해 다음의 아이디어들을 활용하세요.

용서

알루미늄 호일 구기는 것을 아이에게 보여주면서 죄가 우리의 삶을 어떻게 망쳐버릴 수 있는지에 대해 이야기하세요. 그런 다음 잠언 10장 12절 하반절을 읽고 구긴 호일을 다시 펴서 작은 마분지 위에 씌우세요. 색 도화지로 작은 꽃 모양을 오려서 호일로 씌운 마분지 위에 셀로판테이프로 붙이세요. 그런 다음 셀로판지로 마분지를 덮어씌우세요. 우리가 잘못한 것들을 없애주시고 아름답게 해주신 하나님의 사랑과 용서에 대해 이야기하세요.

죄의 자국

낡은 행주나 걸레에 포도 주스나 다른 식용 색소를 사용해 얼룩이 나게 한 다음 말리세요. 그런 다음 아이와 함께 그 얼룩을 제거하기 위해 같이 빨아보세요. 열심히 빨아도 얼룩이 남아 있을 거예요. 아무리 열심히 노력해도 우리의 힘으로 우리 죄를 깨끗하게 할 수 없다는 것을 이야기해주고 예수님의 희생과 하나님의 용서가 필요하다는 것을 아이가 이해할 수 있게 도와주세요.

영원히 사라졌어요

빵 부스러기와 성경을 가지고 가까운 물가로 나가세요. 시냇물이나 강가 혹은 연못이나 바다 같은 곳으로 갈 수 있을 거예요. 그런 다음 미가서 7장 18-19절을 읽고 빵 부스러기를 물에 던지며 19절을 세 번 반복해서 읽으세요. 그렇게 하는 것은 유대인의 전통적인 습관 중의 하나였어요. 하나님이 우리의 죄를 바다 가장 깊은 곳으로 던져버리신 것을 생각하며 감사를 드리세요.

구름 바라보기

한가한 오후 아이와 함께 편안하게 쉴 수 있는 곳에서 구름이 떠가는 것을 바라보세요. 구름 속에 나타나는 다양한 모양들을 찾아보며 즐거운 시간을 가지세요. 이사야 44장 22절을 읽고 구름이 떠가는 것을 바라보면서 하나님이 우리의 죄를 없애주신 것을 이야기하세요.

예수마당 성경공부

예수마당 성경공부 15

순종하기를 원하시는 하나님

사도행전 8:26~40

하나님의 말씀을 듣는 시간과 읽는 시간을 정하세요.

각각의 상황에서 어떻게 하면 하나님을 기쁘시게 할 수 있는지 이야기해보세요.

새로 이사를 온 아이가 있어요. 그 아이는 아직 친구가 없어서 외로워요(요 13:34-35).

친구가 장난을 걸어와 싸웠어요(마 6:15, 18:35).

15 순종하기를 원하시는 하나님

부모님과 보세요

[포인트] 하나님의 말씀에 순종하라.

[중심 성경 구절] "그러므로 너희는 하나님의 택하신 거룩하고 사랑하신 자처럼 긍휼과 자비와 겸손과 온유와 오래 참음을 옷 입고"(골 3:12).

부모님께

오늘 아이들은 하나님이 이끄시는 대로 따라가면 놀라운 보상이 따른다는 것을 배웠어요. 그리고 하나님을 따르기 위한 방법을 찾을 때 지혜와 지식과 하나님을 경외하는 보물들을 발견하게 된다는 것도 배웠어요. 그리고 또 하나님을 따르는 일에 좋은 본이 되어준 사람들을 통해 배울 수 있다는 것도 알게 되었어요.

길 만들기

높이가 얕은 상자, 구슬, 마분지 그리고 물감 등을 사용해 화려한 멍석을 만들어보세요. 상자 위를 마분지로 덮고 구슬을 물감에 담그세요. 물감에 젖은 구슬을 상자 안에 넣으세요. 상자를 흔들어서 구슬이 마분지 위를 굴러다니게 하세요. 그리고 구슬이 만든 흥미로운 길을 보며 하나님이 우리를 얼마나 흥미진진한 길로 인도하시는지를 이야기하세요. 마분지를 상자에서 분리시키고 물감이 마르기를 기다리는 동안 같은 활동을 다시 한 번 더 하세요. 그림을 오래 보관하고 싶은 경우는 비닐로 싸거나 코팅을 하세요.

고속도로

아이가 잠자리에 들기 전에 이불깃으로 주름을 접어 길을 만들며 아이와 길에 대한 이야기를 나누세요. 그리고 하나님이 우리 각자가 따라야 할 길과 그 길을 따르며 맛볼 수 있는 흥미로운 일들을 계획해놓으셨다는 이야기를 해주세요. 하나님이 이끄시는 대로 따라가면서 아이들은 어떤 일을 기대하고 있는지 이야기를 나누세요. 가족들을 위한 계획을 갖고 계신 하나님께 감사를 드리세요.

케이크 만들기

가로 23cm 세로 33cm 크기의 빵 굽는 판에 버터를 바르세요. 그런 다음 갈아 만든 파인애플 통조림의 내용물 600그램 정도를 붓고 평평하게 펼치세요. 그리고 그 위에 체리 파이 속에 들어가는 내용물을 약 600그램 정도 얹으세요. 그런 다음 인스턴트 케이크 가루를 그 위에 뿌리세요. 그리고 3/4컵의 버터를 잘게 잘라 그 위에 뿌리세요. 섭씨 180도 정도에서 약 45분간 구워내세요. 케이크가 구워지는 동안 지시 사항을 정확하게 잘 따르는 것이 얼마나 중요한지에 대한 이야기를 나누세요. 하나님은 우리에게 어떤 지시들을 하셨나요? 우리는 언제나 하나님의 방법을 잘 이해할 수 있나요? 그리고 언제나 우리가 따라하기에 쉬운 것들인가요?

곧은 길

집 뒤뜰이나 공원에서 이 요술 놀이를 하세요. 시편 27편 11절을 읽으세요. 야구 방망이를 똑바로 세우고 이마를 방망이 위쪽 끝에 대고 열 바퀴를 도세요. 그런 다음 똑바로 걸어가 보세요. 하나님이 알려주시는 곧은 길을 가지 못하게 방해하는 것들에 대한 이야기를 나누세요.

예수마당 성경공부 16

우리 모두를 똑같이 사랑하시는 하나님

사도행전 10:1-48

◉ 그림을 보고 친구들에게 하나님의 우정을 보여주세요.

✎하나님의 사랑을 친구들과 나누는 것이 어땠나요?

✎친구들 가운데 하나님의 사랑을 다른 사람들보다 더 많이 받을 자격이 있는 사람이 있나요?

✎매일 만나는 사람들과 하나님의 사랑을 나누기 위해 여러분은 어떻게 할 수 있을까요?

16 우리 모두를 똑같이 사랑하시는 하나님

부모님과 보세요

[포인트] 차별하지 않고 똑같이 사랑하라.

[중심 성경 구절] "그러므로 너희는 하나님의 택하신 거룩하고 사랑하신 자처럼 긍휼과 자비와 겸손과 온유와 오래 참음을 옷 입고"(골 3:12).

부모님께

오늘 아이들은 사람들이 부자이든 가난하든, 무슨 일을 하며 살든, 혹은 어떻게 생겼든 그런 것에 관계없이 하나님은 똑같이 사랑하신다는 것을 배웠어요. 그리고 하나님이 우리 각자에게 서로 다른 재능과 능력을 주셨지만 우리는 모두 하나님의 사랑으로 연결되어 있다는 것도 배웠어요. 하나님이 모든 사람들을 사랑하신다는 것을 아이가 배우기 위해 다음의 활동들을 활용하세요.

예수님을 위한 선물

아이와 사람 모양의 과자를 만드세요. 과자의 모양에 약간씩 변형을 주어 조금씩 다르게 만드세요. 그런 다음 야고보서 2장 1-4절을 읽으세요. 과자를 직접 만들었기 때문에 조금씩 다른 모양을 가지긴 했지만 모두 맛있는 좋은 과자라는 것을 아이가 이해할 수 있게 이야기해주세요. 그리고 우유와 함께 과자를 먹으며 가난하거나 부자거나 어떤 일을 하며 어떻게 생겼건 모든 사람들을 똑같이 사랑하시는 하나님께 감사를 드리세요.

모두 달라요

하나님이 만드신 세계에서 볼 수 있는 다양성에 대해 이야기하세요. 산책을 하면서 얼마나 많은 종류의 꽃과 나무, 동물들이 있는지를 알아보고, 길에서 만나는 사람들도 모두 다르다는 것을 이야기하며, 아이에게 나무나 동물이나 꽃이나 똑같이 생긴 것은 아무것도 없다는 것을 설명해주세요. 모든 것을 조금씩 다 다르게 만드시고 모든 사람들을 다 사랑하시는 하나님께 감사를 드리세요.

세계 모형도 안에 있는 사람들

중간 크기의 상자를 준비하고 아이에게 각기 다른 인형들을 모으게 하세요. 그리고 상자 바닥에 다른 나라의 모습들을 보여주는 그림을 그려보게 하세요. 각 나라의 국기를 그릴 수도 있고 세계지도를 그릴 수도 있을 거예요. 그런 다음 종이에 각 나라의 특색 있는 전통 의상을 그려 오린 다음, 인형에게 입히고 상자 안에 인형을 넣어두세요. 각기 다른 나라에서 살고 있는 사람들을 위해 기도하는 것을 기억할 수 있도록 잘 보이는 곳에 상자를 두세요.

각자 특이해요

종이 여러 장을 반으로 접으세요. 한 장을 펴서 그 안에 물감으로 간단한 모양을 그린 다음 접으세요. 다시 종이를 펴서 물감이 얼룩진 것을 말리세요. 다른 종이에도 같은 활동을 한 다음 그림들을 보며 서로 재미있는 이야기를 나누세요. 그런 다음 하나님은 사람들을 각각 독특하게 만드셨다는 것을 이야기하세요.

예수마당 성경공부

예수마당 성경공부 17

손님 대접하기

사도행전 16:13~15

요한계시록 3장 20절

볼지어다 내가 문 밖에 서서 두드리노니 누구든지 내 음성을 듣고 문을 열면 내가 그에게로 들어가 그로 더불어 먹고 그는 나로 더불어 먹으리라.

◉ 예수님이 우리 집에 찾아오셨어요. 어떤 준비를 해야 하나요?

✎ 다른 친구들이 예수님의 사랑을 느낄 수 있게 할 수 있는 방법에는 무엇이 있을까요?

✎ 예수님을 맞이하듯이 친구들을 맞이하는 방법은 어떤 것이 있을까요?

부모님과 보세요

17 손님 대접하기

[포인트] 다른 사람의 필요를 채워주라.

[중심 성경 구절] "그러므로 너희는 하나님의 택하신 거룩하고 사랑하신 자처럼 긍휼과 자비와 겸손과 온유와 오래 참음을 옷 입고"(골 3:12).

부모님께

오늘 아이들은 다른 사람들을 집으로 초대하는 것을 하나님이 기뻐하신다는 것을 배웠어요. 그리고 우리가 가진 것을 다른 사람들에게 나누어줄 수 있고 그렇게 할 때 하나님은 더 좋은 것을 우리에게 주신다는 것도 배웠어요. 아이가 다른 사람에게 베푸는 것을 배울 수 있도록 다음의 아이디어들을 함께 하세요.

손님 대접

아이와 아이의 친구를 손님으로 접대하는 식사를 준비하세요. 아이에게 먹고 싶은 음식을 정하게 하세요. 음식을 준비해 식탁보로 덮어놓고 촛불과 꽃 장식도 준비를 하세요. 그리고 잔잔한 음악도 틀어주세요. 그리고 마치 식당에서 접대하는 사람처럼 아이가 식사를 하는 동안 옆에서 시중을 들어주세요. 그리고 아이가 좋아하는 후식을 대접하세요.

손님 돌보기

아이들이 손님을 편안하게 모시는 연습을 하게 하세요. 예를 들어 손님의 겉옷을 받아 옷걸이에 거는 연습을 하고 어머니가 음식을 만드는 동안 음료수를 대접하는 연습을 하고 손님과 대화를 나누는 연습을 하세요. 연습이 어느 정도 된 후에 손님을 초대하여 그동안 배운 내용을 아이들이 실천할 수 있도록 하세요. 식사를 하는 동안 손님이 찬물을 원하는지 더운물을 원하는지를 알아보게 하세요. 그리고 식사를 하기 전에 특별한 손님을 보내주신 것에 대한 감사를 표하는 기도를 아이가 할 수 있는 기회를 주세요.

방명록

커다란 사진틀에 맞도록 마분지를 오리세요. 그리고 아이에게 집을 방문하는 손님들의 사인을 받게 하세요. 손님이 도착하면 아이가 손님들을 맞이하게 하고 색연필이나 매직을 손님에게 드리고 준비한 마분지에 손님이 직접 이름과 사인, 날짜 등을 적어넣어주시도록 부탁하게 하세요. 예를 들어 손님은 '2007년 5월 성진이의 생일날에 할머니가' 등과 같이 적어넣을 수 있을 거예요. 사인을 받은 마분지를 사진틀에 끼워 현관문 가까이에 걸어두세요.

예수마당 성경공부 18

하나님의 사랑을 전해요

사도행전 4:1-21

❖예수님에 관해 소개할 내용을 적어보세요.

부모님과 보세요

18 하나님의 사랑을 전해요

[포인트] 다른 사람들에게 담대히 하나님의 사랑을 전하라.

[중심 성경 구절] "그러므로 너희는 가서 모든 족속으로 제자를 삼아"(마 28:19 상).

부모님께

오늘 아이들은 하나님의 사랑을 온 세상에 전하는 선교사에 관해 배웠어요. 그리고 다른 사람들이 우리를 저지하려 할 때도 베드로처럼 담대하게 하나님의 사랑을 전해줄 수 있으며 하나님의 사랑의 메시지를 전할 수 있는 다양한 방법이 있다는 것도 배웠어요. 아이가 하나님의 사랑을 다른 사람들에게 이야기해줄 수 있도록 격려해주기 위해 다음의 아이디어들을 활용하세요.

공작

하나님의 사랑을 누군가에게 이야기해주기 위해 귀여운 풍선을 만들어보게 하세요. 먼저 풍선을 분 다음 약 30cm 길이의 실을 묶으세요. 그런 다음 종이컵 끝에 네 개의 구멍을 뚫고 풍선에 묶은 실을 종이컵 구멍에 끼우세요. 그리고 아이가 풍선에 '하나님은 당신을 사랑하십니다' 라고 쓰는 것을 도와주세요. 종이컵에 건포도, 땅콩, 초콜릿, 사탕 같은 것들을 담아 하나님의 사랑을 이야기해주고 싶은 사람의 집을 찾아가 문에 걸어두세요.

과자 선물하기

아이에게 동그란 모양의 과자와 치즈를 준비하여 과자 샌드위치를 만들게 하세요. 종이접시에 예쁘게 담아 알루미늄 호일로 씌우고 요한 복음 3장 16절과 같이 하나님의 사랑을 이야기하고 있는 성경 구절을 적은 선물 카드를 붙이게 하세요. 아이와 함께 주위에 외롭게 살고 있는 사람을 찾아가 선물을 전해주게 하세요.

퍼져나가기

그릇에 물을 붓고 물 가운데에 잉크를 뿌리세요. 잉크가 퍼져나가는 것은 하나님의 사랑을 다른 사람들에게 전해주고 싶어하는 선교사들과 같다고 말해주세요. 그런 다음 물비누를 그 위에 한 방울 떨어뜨리게 하세요. 점들이 흩어져 퍼져나가는 것을 보며 모든 사람들이 하나님을 알게 되기를 하나님이 원하시기 때문에 하나님에 관한 것을 가르치기 위해 선교사들이 세상 끝까지 가서 일하고 있다는 것을 이야기해주세요.

예수마당 성경공부

19 선교사를 보내요

사도행전 13:1~5

✲선교사님이 계신 나라에 붙이세요✲

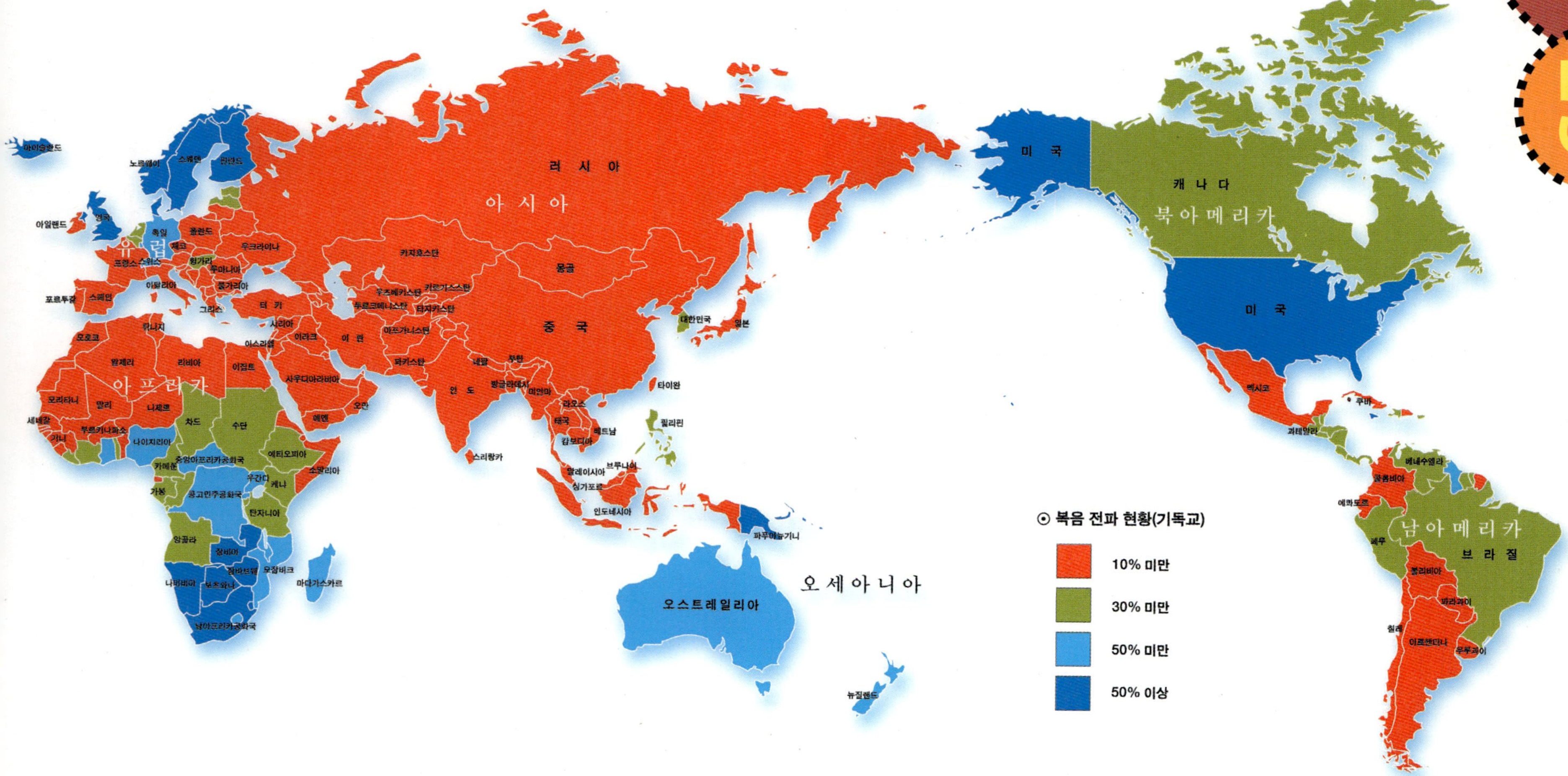

- ✎우리 교회 선교사님들은 어느 나라에 계신가요?
- ✎선교사님들을 위해 기도하면서 어떤 느낌이 들었나요?
- ✎교회가 선교사님을 보내지 않으면 어떤 일이 벌어질까요?

19 선교사를 보내요

부모님과 보세요

[포인트] 복음이 필요한 곳에 선교사를 보낼 수 있도록 애쓰라.

[중심 성경 구절] "그러므로 너희는 가서 모든 족속으로 제자를 삼아"(마 28:19 상).

부모님께

오늘 아이들은 교회가 선교사들을 파송한다는 것을 배웠어요. 그리고 모든 사람들에게 하나님의 사랑을 알려주기 위해 선교사를 내보내는 것이 중요한 일이라는 것도 배웠어요. 선교사들은 교회의 보냄을 받고 간다는 것을 아이들에게 가르치기 위해 다음의 아이디어들을 활용하세요.

멀리 떠나는 사람들을 위한 선물 마련하기

선교사가 선교지로 떠나기 전, 형이나 누나가 기숙사 생활을 위해 집을 떠나기 전, 아버지가 출장을 떠나시기 전 함께 보낼 선물 상자를 만들어보게 하세요. 신발 상자를 포장하고 그 안에 사탕이나, 잡지, 우편 엽서, 핸드 크림, 집에 전화할 수 있는 동전이나 전화카드, 음료수 등을 담게 하세요. 격려의 편지도 함께 적어 넣게 하세요.

편지하기

대부분의 교회는 그 교회에서 파송한 선교사와 그들이 하고 있는 일들을 소개한 내용을 사진과 함께 걸어두고 있어요. 한 주일을 정해 아이와 함께 그 사진들을 돌아보는 시간을 가지세요. 아이에게 선교사가 하고 있는 일과 어떻게 다른 사람들이 예수님을 믿도록 돕고 있는지를 이야기해주세요. 아이와 같은 또래의 자녀를 둔 선교사 가정을 정해, 다른 사람들에게 예수님의 복음을 전해주는 것을 격려하고 고마움을 표현하는 편지를 아이와 함께 써서 보내세요.

세계를 위한 기도

지구본이나 세계지도를 활용해 기도해보세요. 지구본을 돌리고 아이에게 눈을 감고 지구본에 손을 대게 하세요. 손가락이 닿은 나라에 대한 이야기를 하고 그곳에 살고 있는 사람들이 예수님을 알게 되도록 기도하세요. 일주일에 한두 번씩 하면서 전세계에 있는 선교사들을 위해 모두 기도하게 될 때까지 계속하세요.

예수마당 성경공부

예수마당 성경공부 20

선교사를 도와요

빌립보서 4:14~20

✐우리 교회는 선교사님들을 돕기 위해 어떤 일들을 하고 있나요?

*

*

*

*

✐우리가 지금 할 수 있는 일에는 무엇이 있나요?

*

*

*

*

20 선교사를 도와요

부모님과 보세요

[포인트] 복음을 전하는 선교사들을 도우라.

[중심 성경 구절] "그러므로 너희는 가서 모든 족속으로 제자를 삼아"(마 28:19 상).

부모님께

오늘 아이들은 교회가 선교사들을 후원한다는 것을 배웠어요. 그리고 선교사들을 후원하는 것은 바로 우리가 다른 사람들에게 하나님의 사랑을 전해주는 것과 같다는 것도 배웠어요. 그리고 교회가 선교사를 후원할 수 있는 다양한 방법들에 대해서도 알게 되었어요. 아이가 선교사들의 필요에 민감할 수 있도록 도와주기 위해 다음의 아이디어들을 활용하세요.

거품처럼 일어나요

아이와 같이 비누 방울 놀이를 하세요. 빨대를 반으로 자른 다음 나란히 붙여 쌍방울을 만들 수 있게 하세요. 작은 비누 방울을 여러 방향으로 많이 불어 날리며 비누 방울들은 퍼져 나가는 하나님의 사랑과 같은 것이며, 선교사들을 후원하는 것은 하나님의 사랑을 온 세계로 보내는 것과 같다고 이야기 해주세요.

전세계에

선교사 스크랩북을 만들어 선교사와 선교사가 돕고 있는 사람들에 관해 아이가 배울 수 있게 해주세요. 종이 세 장을 스테이플러로 찍으세요. 세계지도를 복사해서 첫 페이지에 붙이세요. 아이에게 세계지도를 색칠하게 하고 몇몇 나라의 이름들을 적어넣게 하세요. 잡지에서 다른 나라 사람들의 그림을 오려 두 번째 페이지에 붙이세요. 교회가 후원하고 있는 선교사의 이름과 일하고 있는 나라의 이름을 물어보고 그들의 그림을 그려 세 번째 페이지에 붙이세요. 그런 다음 지도에서 그 나라를 찾아보세요. 선교사 가정들로부터 새로운 소식이 올 때마다 스크랩북을 다시 정리하세요.

별이 빛나는 밤에

빳빳한 종이에 별 모양을 그려 오려내는 일을 아이와 함께 하세요. 그런 다음 반짝이를 붙이거나 반짝이 풀을 사용해 별을 장식하세요. 각 별의 꼭대기에 구멍을 뚫고 줄을 달아 두세요. 매일 밤 잠자리에 들기 전에 세계지도를 보며 아이가 한 나라를 선택할 수 있게 도와주고 그 나라의 이름을 별의 뒷면에 적으세요. 그리고 그 나라에서 일하고 있는 선교사들을 위해 기도한 다음 그 별을 아이의 방에 걸어주세요. 머지 않아 전세계에 흩어져서 일하고 있는 하나님의 선교사들을 위해 아이가 기도할 수 있도록 기억나게 해주는 별들로 방이 채워지게 될 거예요.

예수마당 성경공부

예수마당 성경공부

21 우리는 꼬마 선교사

디모데전서 4:6~15

- 이 활동을 하면서 앞을 볼 수 없을 때 기분이 어땠나요?
- 앞을 볼 수 없는 친구가 어떻게 빛을 발견할 수 있도록 도와주었나요?
- 이 게임은 다른 사람들이 예수님을 발견할 수 있도록 우리가 도와주는 것과 어떻게 비슷한가요?

◉ 선교사님이 나가 계신 나라의 국기를 색칠해보고 나라 이름을 맞혀보세요.

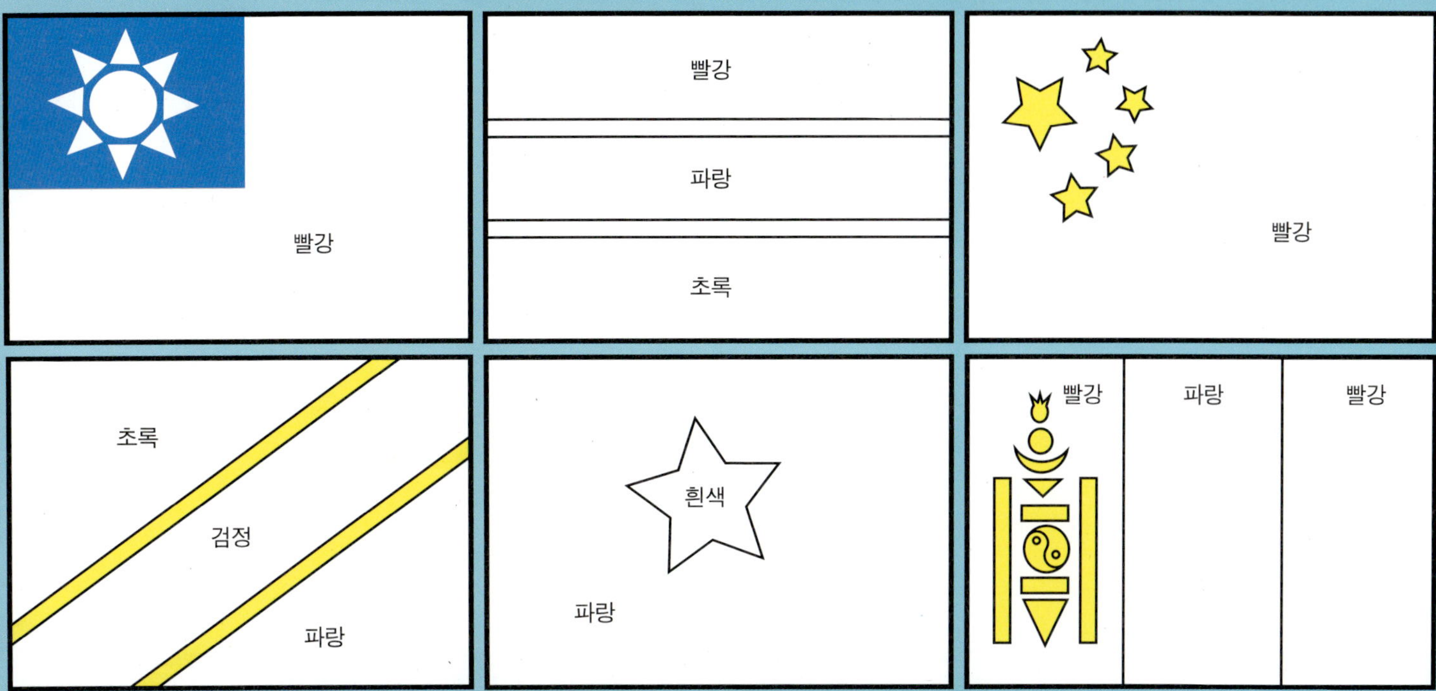

21 우리는 꼬마 선교사

부모님과 보세요

[포인트] 복음을 전할 수 있도록 충실히 준비하라.
[중심 성경 구절] "그러므로 너희는 가서 모든 족속으로 제자를 삼아"(마 28:19 상).

부모님께

아이들은 오늘 예수님을 위해 살면서 우리 모두 선교사가 될 수 있다는 것을 배웠어요. 그리고 또 우리의 행동을 통해 예수님을 드러내면서 우리 주위에 있는 사람들에게 영향을 미칠 수 있다는 것도 배웠어요. 아이가 예수님을 위해 살고 하나님의 빛을 비출 수 있도록 한 주 동안 다음의 아이디어들을 함께하세요.

가족 사진

대부분의 교회에는 선교사와 그 가족들의 사진이 게시판에 걸려 있어요. 우리 가족도 우리가 살고 있는 곳에서 선교사의 역할을 할 수 있다는 것을 보여주기 위해 가족 사진을 냉장고에 붙여두세요. 그리고 카드에 학교, 직장, 모임, 이웃 등과 같이 우리 가족이 각자 영향을 미칠 수 있는 부분을 적어서 사진 옆에 붙이고 가족들이 모두 하나님을 위해 다른 사람들에게 영향을 미칠 수 있다는 것을 기억할 수 있게 하세요.

세상을 비추는 빛

종이 봉투에 간단한 그림이나 도형을 그린 다음 송곳이나 뾰족한 연필로 그림을 따라 구멍을 내세요. 봉투에 모래를 약 3cm 가량 담으세요. 그리고 초를 한 자루 꽂으세요. 햇빛이 비치는 창가에 두고 빛이 구멍을 통해 새어 들어오게 하세요. 해가 지고 나면 초에 불을 붙여 반짝이는 조명등이 되게 하세요.

즐거운 가족 시간

빈 깡통을 포장지로 싸서 식탁 위에 올려놓는 일로 가족들의 선교 헌금 모으기를 시작해보세요. 아이에게 용돈의 일부나 심부름을 해서 생긴 돈을 선교 헌금으로 줄 수 있도록 격려하세요. 깡통이 채워지면 다른 사람을 섬기기 위해 그 돈을 어떻게 사용할 것인지 가족들이 함께 의논하세요. 예를 들어 가난한 이웃을 위해 음식이나 필요한 물건을 사다준다거나 의료 봉사를 하고 있는 기관에 돈을 기부한다거나 이웃 노인들을 위해 과일을 사다준다거나 할 수 있을 거예요.

우리가 사는 세상

신문이나 잡지에서 오려둔 기사들이나 뉴스들을 오려 붙여 우리가 사는 세상을 만들어보세요. 그리고 매일 식구들에게 그 주위에 서서 세상을 혼란스럽고 불행한 곳으로 만드는 문제들을 위해 기도하게 하세요. 새로운 사건들로 우리가 사는 세상을 바꾸어보세요.

22 약속을 지키는 우정

사무엘상 18:1~4

어떻게 해야 할까요?

선생님을 기쁘시게 하기 위해 준희, 세희, 민영이는 돈을 모아 선물을 사기로 했어요. 이 친구들은 선생님의 생일날까지 자신들이 계획한 것을 비밀로 하기로 약속했어요. 그런데 누군가가 비밀을 말해버렸어요. 어떻게 해야 할까요?

영철이와 인수, 재영이는 아주 친한 사이에요. 공부를 할 때도, 학원을 갈 때도 같이 다녀요. 그런데 어느 날 인수가 형들에게 둘러싸여 울고 있는 것을 영철이와 재영이가 보았어요. 어떻게 해야 할까요?

미숙이와 진영이는 단짝이에요. 둘은 항상 붙어다녀요. 둘이 너무 친하기 때문에 다른 친구들이 시기하기도 해요. 그런데 어느 날부터인가 미숙이는 같은 반 신희와 자주 같이 다녀요. 둘은 지난 주말에 놀이동산에도 함께 갔다왔어요. 진영이는 이 사실을 나중에 알게 되었어요. 어떻게 해야 할까요?

진수와 기진이는 운동을 좋아하는 친한 친구예요. 학교에서 운동 시합이 있으면 항상 같은 편이 되어 서로의 우정과 사랑을 쌓아나갔어요. 그런데 어느 토요일 진수가 기진이에게 다음날 열리는 챔피언 결정전 야구 경기를 보러 가자고 했어요. 그 경기는 주일날 예배 시간과 같은 시간에 열리는 게임이었어요. 기진이는 교회에 가야 한다고 했어요. 이 말에 진수는 몹시 화가 났어요. 어떻게 해야 할까요?

부모님과 보세요

22 약속을 지키는 우정

[포인트] 친구와의 약속을 잘 지키라.

[중심 성경 구절] “너희가 다 마음을 같이 하여 체휼하며 형제를 사랑하며 불쌍히 여기며 겸손하며”(벧전 3:8).

부모님께

오늘 아이들은 믿을 만한 사람이 되는 것이 중요하다는 것을 배웠어요. 그리고 요나단과 다윗은 좋은 친구가 되기로 언약을 맺고 끝까지 그 약속을 지켰다는 것을 보게 되었어요. 아이가 믿을 만한 친구가 되는 것을 배울 수 있도록 다음의 아이디어들을 활용하세요.

멀리 있는 친구

친구에게 보낼 안부 카드를 만들게 하세요. 오래된 안부 카드나 잡지에서 그림이나 사진들을 오리세요. 도화지를 반으로 접고 앞면에 오린 그림을 붙이세요. 매주 일요일 저녁 식사를 마친 후 바로 카드를 만들어 가까이 혹은 멀리 있는 친구나 가족에게 보내는 일을 규칙적으로 하며 아이가 성실함을 배울 수 있게 도와주세요.

신뢰할 만한 과거

하나님은 과거의 그리스도인들을 통해 오늘날 우리에게 믿음을 전수해주셨어요. 윌리암 캐리나 빌리 그래함, 마틴 루터, 코리 텐 붐과 같이 잘 알려진 그리스도인 가운데 한 사람을 선택하고 그 사람에 대해 알아보세요. 그 사람이 다른 그리스도인들에게 어떤 영향을 미치고 어떤 풍성함을 갖게 해주었는지를 살펴보고 그 사람의 믿음의 삶을 하나님께 감사드리세요. 다음세대의 그리스도인들에게 좋은 영향을 미칠 수 있는 가정으로, 가족들이 믿음을 개발할 수 있도록 도와주시기를 기도하세요. 그리고 각 세대가 하나님의 복음의 메시지를 다음세대에 성실하게 전해주는 것이 얼마나 중요한 일인지를 아이에게 설명해주세요.

좋은 이웃

믿을 만한 이웃이 되는 것은 믿을 만한 친구가 되는 한 방법이 될 수 있어요. 이웃을 위한 좋은 일들을 드러내지 말고 하세요. 하루는 이웃집의 자동차 유리를 닦아주세요. 차에 경보 장치가 되어 있는지 먼저 확인하세요! 또 하루는 이웃집 앞의 마당과 길을 쓸어주세요. 우리 가족이 했다는 것을 이웃이 알지 못하게 하세요. 비밀스럽게 알리지 않고 하는 것이 이 활동의 즐거움이 되도록 하세요.

예수마당 성경공부 23

함께 기뻐하는 우정

사무엘상 19:1~7

나에게 해당되는 것에 표시해보세요.

내 용	점 검
1. 언제나 친구의 편이 돼요.	☐
2. 친구들이 상을 받을 때 같이 기뻐해요.	☐
3. 게임에서 친구가 이겨도 기뻐해요.	☐
4. 다른 사람들에게 친구의 좋은 점을 이야기해요.	☐
5. 친구가 괴롭힘을 당할 때 도와줘요.	☐
6. 친구가 아파할 때 위로해요.	☐

* 친구의 도움이 필요할 때는 언제인가요? 친구를 돕기 위해 어떻게 할 수 있나요?
* 여러분은 우정을 지키기 위해 어떻게 행동하나요? 우정에 금이 갈 때는 언제인가요?
* 어떻게 친구와 다시 한마음으로 기쁜 우정을 유지할 수 있었나요?

나의 좋은 친구는

부모님과 보세요

23 함께 기뻐하는 우정

[포인트] 친구와 함께 기뻐하라.

[중심 성경 구절] "너희가 다 마음을 같이 하여 체휼하며 형제를 사랑하며 불쌍히 여기며 겸손하며"(벧전 3:8).

부모님께

오늘 아이들은 친구를 위해 함께 기뻐할 수 있다는 것을 배웠어요. 그리고 친구를 위해 기뻐하는 것은 친구들의 장점을 칭찬하고 다른 사람들 앞에서 친구들의 편이 되어주며 친구들이 한 좋은 일들을 보며 즐거워하는 것이라는 걸 알게 되었어요. 아이가 건전한 우정을 개발할 수 있도록 다음의 아이디어들을 활용하세요.

즐거운 간식

사과를 입에 들어갈 만한 크기로 자르세요. 접시에 담고 계피 가루를 뿌린 다음 전자 레인지에 약 2분 정도 고열로 익히세요. 건포도와 땅콩을 뿌리고 그 위에 바닐라 아이스크림을 얹어서 아이와 친구에게 대접하세요. 두 사람 모두 아주 좋아할 거예요.

비누 방울 상

이가 빠진 것이나 한글을 읽게 된 것과 같이 아이들이 자라면서 일어나는 일들을 축하해주세요. 가족들이 모두 비누 방울을 불 준비를 한 다음 아이를 가운데 세우고 온 가족이 비누 방울 공세를 퍼부으며 축하의 말을 해주세요.

친구 사귀기

세상에는 친구가 될 사람들이 많이 있어요! 어떻게 친구를 찾아야 하는지를 아이에게 가르쳐주세요. 같이 게임을 하거나, 놀이터에서 같이 놀자고 초청하면서 친구를 사귈 수 있다는 것을 가르쳐주세요. 새로 사귄 친구의 장점을 이야기하면서 기뻐하는 것을 연습할 수 있도록 아이의 이야기를 들어주세요. 교회에 새로 나온 가족들과 친구가 되면서 아이에게 가르친 것을 실제 생활을 통해 보여주세요. 그 가정을 식사에 초대하고 새로운 친구를 주시는 하나님께 감사를 드리세요.

즐거운 기억들

아이가 친구를 데리고 와서 즐겁게 노는 사진을 찍으세요. 아이의 생일이 다가오면 생일 카드에 그 사진을 넣어주세요.

예수마당 성경공부

24 어려움을 돕는 우정

사무엘상 20:1~23

이 활동을 통해서 어떤 것을 느꼈나요?

◉ 선생님의 지시에 따라 '친구'라고 써보세요.

24 어려움을 돕는 우정

부모님과 보세요

[포인트] 어려움을 겪는 친구를 도우라.

[중심 성경 구절] "너희가 다 마음을 같이 하여 체휼하며 형제를 사랑하며 불쌍히 여기며 겸손하며"(벧전 3:8).

부모님께

오늘 아이들은 함께 힘을 합하면 어려운 문제들을 보다 쉽게 해결할 수 있다는 것을 배웠어요. 그리고 오해가 생겼을 때 서로 협력해서 문제를 해결할 수 있다는 것을 보게 되었어요. 아이가 친구들과 힘을 합해 협력하는 것을 배울 수 있도록 다음의 아이디어들을 활용하세요.

문제 해결

아이가 관심을 가지고 문제를 해결해나가는 아이로 자라갈 수 있게 도와주세요. 신문을 같이 보며 가출, 국가 예산 부족, 기아, 청소년 폭력, 환경 파괴 등 사회가 안고 있는 문제들 중 한 가지를 선택하세요. 그리고 그 문제를 해결하기 위한 방법들을 아이와 함께 생각해보는 시간을 가지세요. 그 문제를 해결하기 위해 정부는 어떻게 해야 할까요? 교회는 어떻게 해야 할까요? 우리 가족들은 어떻게 해야 할까요? 가족들이 할 수 있는 일을 적어도 한 가지씩 정해 실천해보세요.

도와주세요

가족들에게 각자 자기가 도울 수 있는 문제나 집안일 등을 적어보게 하세요. 저녁 설거지, 집안 청소, 숙제, 편지 쓰기, 재활용품 정리하기 등등의 집안일을 도울 수 있을 거예요. 각자 하기로 한 일들을 하게 하고 도와주세요. 서로 협력하는 것과 혼자 하는 것 사이의 차이점을 이야기하세요. 도움이 필요할 때 가족들의 도움이 기다리고 있다는 사실을 알려주고, 알고 난 후의 마음이 어떤지 이야기해보세요.

문제 해결사

가장 친한 친구들 사이에도 문제가 생길 수 있어요. 두 아이가 다투는 일이 벌어지면 한 아이가 방해를 받지 않고 잘못된 상황을 설명할 수 있는 기회를 갖게 해주세요. 그런 다음 이야기를 듣고 있던 아이에게 친구가 한 말을 다시 정리해서 이야기하게 하세요. 그리고 이야기를 듣고 있던 아이에게도 설명할 기회를 주고 다시 상대방 아이에게 정리하게 하세요. 그런 다음 서로 상대방을 정당하게 대우하기 위해 어떻게 해야 하는지를 두 아이에게 결정하게 하세요. 그리고 서로 사과할 수 있도록 격려해주세요. 이런 과정을 통해 아이가 친구와의 문제를 해결하는 방법을 배울 수 있게 도와주세요.

따뜻해요

아이와 배를 따뜻하게 해주는 코코아를 타 마시며 함께 해결해야 할 문제에 대해 이야기를 나누세요.

예수마당 성경공부

예수마당 성경공부 25

위로하는 우정

⇨ 사무엘상 20:24~42

찬송하리로다 그는 우리 주 예수 그리스도의
하나님이시요 자비의 아버지시요 모든 위로의
하나님이시며 우리의 모든 환난 중에서
우리를 위로하사 우리로 하여금 하나님께
받는 위로로써 모든 환난 중에 있는 자들을
능히 위로하게 하시는 이시로다.
(고린도후서 1장 3~4절)

✎ 위로는 어디에서 가장 먼저 오나요?

✎ 하나님은 우리를 어떻게 위로해주시나요?

* (　　)안에 자신의 이름을 쓰세요.

"하나님이 항상 함께하시겠다고 약속하셨기 때문에 위로를 받아요."

"(　　　　　)는(은) 앞으로 친구를 위로하는 멋진 우정을 보여주겠어요."

부모님과 보세요

25 위로하는 우정

[포인트] 슬퍼하는 친구와 함께하며 위로하라.

[중심 성경 구절] "너희가 다 마음을 같이 하여 체휼하며 형제를 사랑하며 불쌍히 여기며 겸손하며"(벧전 3:8).

부모님께

오늘 아이들은 친구를 위해 함께 기뻐할 수 있다는 것을 배웠어요. 그리고 친구를 위해 기뻐하는 것은 친구들의 장점을 칭찬하고 다른 사람들 앞에서 친구들의 편이 되어주며 친구들이 한 좋은 일들을 보며 즐거워하는 것이라는 걸 알게 되었어요. 아이가 건전한 우정을 개발할 수 있도록 돕기 위해 다음의 아이디어들을 활용하세요.

감사의 시

감사하고 싶은 것들을 생각해볼 때 우리는 위로를 얻게 되는데 그 이유는 자비로우신 하나님께 대한 우리의 믿음을 다시 확인시켜주기 때문이에요. 저녁 식사를 하기 전에 식구들에게 '감사해요'를 세로로 한 자씩 적을 종이를 나누어주세요. 그리고 각자 감사하고 싶은 것들을 자신이 가진 글자로 시작하는 말로 적어보게 하세요.

위로의 선물 보따리

슬픔을 당한 친구를 위로해줄 수 있는 선물 보따리를 만들어 보세요. 따뜻한 초콜릿 우유를 타 마실 수 있는 가루, 과자, 신문에서 오린 재미있는 내용의 만화, 데살로니가후서 2장 16-17절과 함께 위로의 글을 적은 카드 등을 담아 보내세요.

오래 지속되는 위로

때로 아이들은 위로를 받기 위해 밤새도록 붙잡고 있을 수 있는 그런 것들이 필요해요. 아이를 위해 천으로 인형이나 베개를 만들어보세요. 인형이나 베개는 아이들을 위로하는데 한계가 있지만 하나님은 우리를 언제 어디서나 위로할 수 있다는 것을 가르쳐주세요. 그리고 어렵고 힘들 때 어떻게 위로를 받았는지 이야기해주세요.

예수마당 성경공부

예수마당
성경공부

26 늘 함께하시는 친구 하나님

사무엘하 2:1~7, 7:1~16

누군가와 항상 함께 있다면 어떨까요?
좋은 점 다섯 가지를 적어보세요.

1.

2.

3.

4.

5.

여호수아 1장 5~6절

너의 평생에 너를 능히 당할 자 없으리니 내가 모세와 함께 있던 것같이 너와 함께 있을 것임이라 내가 너를 떠나지 아니하며 버리지 아니하리니 마음을 강하게 하라 담대히 하라 너는 이 백성으로 내가 그 조상에게 맹세하여 주리라 한 땅을 얻게 하리라.

하나님이 어떤 약속을 하셨나요?

여러분은 하나님께 어떤 친구가 될 건가요?

26 늘 함께하시는 친구 하나님!

부모님과 보세요

[포인트] 우리 친구가 되시는 하나님을 의지하라.

[중심 성경 구절] "너희가 다 마음을 같이 하여 체휼하며 형제를 사랑하며 불쌍히 여기며 겸손하며"(벧전 3:8).

부모님께

오늘 아이들은 하나님이 우리의 친구가 되고 싶어하신다는 것을 배웠어요. 그리고 하나님이 우리와 함께하시며 우리를 지켜보시고 보호하신다는 것도 알게 되었어요. 또 우리가 하나님의 친구가 될 수 있도록 하나님이 귀한 선물인 예수님을 보내주셨다는 것도 배웠어요. 아이에게 우정에 대해 가르치고 하나님의 친구가 되는 것을 돕기 위해 다음의 아이디어들을 활용하세요.

부모님의 격려

"너희가 나의 명하는 대로 행하면 곧 나의 친구라"(요한복음 15:14)고 하신 예수님의 말씀을 아이에게 가르쳐주세요. 그런 다음 하나님의 말씀에 순종해야 한다는 것을 말해주면서 우리가 하나님께 순종하는 것은 하나님을 사랑하기 때문이라는 것을 설명해주세요. 하나님께 순종하는 것은 우리의 생활을 통해 하나님을 찬양하는 한 방법이에요. 하나님이 하신 지시들을 사랑의 계명 혹은 우정의 법 등과 같이 부르며 아이가 하나님의 친구로 살아가도록 격려해주세요.

가장 좋은 친구

아이에게 다음의 가사를 따르릉, 따르릉 노래 곡조에 맞추어 불러주고 아이에게 노래가 말하고 있는 친구가 누구인지를 말해보게 하세요. 아이가 대답을 하지 못하면 그 친구는 바로 하나님이시라는 것을 기억시켜주세요.

친구가 있어요. 들어봤나요?
사랑하고 돌봐주는 친구랍니다.
그런 친구 아무도 없을 거예요.
그 친구가 누군지 말해보세요.

향기로운 우정

풍선 안에 향수를 몇 방울 떨어뜨리세요. 풍선 바깥쪽에는 향수가 묻지 않게 조심하세요. 풍선을 적당한 크기로 분 다음 신발 상자 안에 넣고 뚜껑을 꼭 닫아두세요. 약 한시간 정도 지난 다음 상자를 열면 향수 냄새를 맡을 수 있을 거예요. 풍선은 향수가 풍선 안에서만 머무르게 할 만큼 강하거나 두껍지 못하다는 것을 말해주세요. 그리고 하나님의 사랑은 마치 향기로운 향수와 같이 강력하기 때문에 그 어떤 것도 하나님의 사랑에서 우리를 끊을 수 없다는 것을 알려주세요. 그리고 로마서 8장 37-39절을 아이와 함께 읽으세요.

우정을 받으세요

셀로판지에 하나님의 우정을 기억나게 해주는 모양을 그리고 오려낸 다음 햇빛이 잘 드는 창문에 붙이세요. 그리고 햇빛이 셀로판지를 통해 들어올 때마다 하나님이 우리의 친구가 되어주시는 것을 감사드리세요.

피자와 친구들

아이의 친구들을 몇 명 초대하고 감사의 피자 파티를 열어주세요. 피자를 나누어 먹으면서 그동안 감사한 일에 대해 이야기하는 시간을 갖도록 하세요. 부모님께 감사한 내용, 친구들끼리 감사한 내용, 선생님에게 감사한 내용 등을 한 가지씩 돌아가면서 이야기하고 하나님께 감사 기도를 드리는 것을 잊지 않도록 하세요.